ありがとう中国料理 ゆかいな人生

斉藤隆士

著者：斉藤隆士

はじめに

私は17歳から中国料理の世界に入って、料理人として中国人の方々に育ててもらいました。

日本で中国料理が広がるきっかけをつくったのは華僑の方々で、戦前から自分たちが食べるため、生きるために商いとして中国料理店を営んでいました。熊本でも「タイピーエン（太平燕）」が有名なように、「紅蘭亭」をはじめ華僑の方々がたくさんいらっしゃいます。1952（昭和27）年以降、就労ビザを取得した中国人の料理人が日本に渡ってくるようになると、日本各地で中国料理が栄え、定着したように世界中それぞれの国や地域で根付いていきました。

中国人なくして日本の中国料理はありません。

私は四川料理の伝道師として九州・熊本にやって来ましたので、自分亡き後も、熊本や九州に四川料理が残っていくことはとても喜ばしいことだと感じています。四川料理が九州の地に広まったのも、元々は私を四川料理に導いてくださった陳建民師父、黄昌泉《コウショウセン》師父、蔣兆鳳《ジャンチョウホウ》師父たちのおかげ。私はその教えを弟子たちに伝えてきましたが、これから先は弟子たちが次の世代に伝えていってくれることでしょう。

今では、普段の家庭の食卓に中国料理がのるほどまでになりました。こうした偉業を成し遂げた、遺産を残してくれた偉大な先人がいることを忘れずにいてほしいと思います。

私はこれまで人との出会いを大切にしてきました。料理人や仲間、お客さま、友人、家族、数多くの人々と出会えたのは料理人だったからこそ。白衣を着ていなかったら、私の周囲にはこんなにたくさんの人はいなかったでしょう。そして、料理人として白衣を着てホテルの社長になったのは、世界でも私しかいません。白衣は私の礼服で、「熊本ホテルキャッスル」の社長時代は、どこに外出するにしても白衣を着ていました。これは誰にでもできることではないと自負しています。

私の人生は、本当に〝人〟に恵まれました。深く感謝します。

こんな人生を送らせてくれた中国料理の素晴らしさを若い人たちに残しておきたい、その思いをこの本に託します。

目次

はじめに
第1章　中国料理の世界へ　5
第2章　桃花源　47
第3章　白衣の代表　101
第4章　さまざまな出会い、さまざまな旅　133
第5章　料理人として　187

第1章

中国料理の世界へ

1

私は1942(昭和17)年8月29日、大分県竹田市で父・斉藤年太郎と母・ミヨシの間に生まれました。5人きょうだいの真ん中で、上2人が兄で私が三男、下2人が妹です。

父は戦前、タクシー会社を経営しており、結構羽振りが良かったようです。当時はタクシーといえば外国車ばかりで、ロールスロイスやクライスラーを所有していたことから、皇族が福岡などを訪問される折には父の会社から車を出したと聞いています。よく覚えていませんが、私たちきょうだいはお坊ちゃんお嬢ちゃん育ちだったそうです。しかし戦時中、所有する車は日本軍に接収されました。

私は小さいころちょっと変わった子どもで、近所では冗談交じりに「神童」と呼ばれていました。周囲の大人から時折「お坊さんになったら」と言われていたそうなので、きっと大人びた言動をしていたのでしょう。

「月光仮面」が大ブームだった1959(昭和34)年、地元の竹田高校に通っていた私は、高2の夏休みに家出しました。家出は計画的で、級友はもちろん親やきょうだいだいに何も言わずに突然いなくなりました。

まず船で別府港から大阪の天保山という港に渡りました。同市天王寺に次兄の裕生《ひろお》がいたので一晩泊めてもらい、翌日に国鉄の鈍行に乗って東京に向かいました。

次兄はとてもやり手で、議員の秘書を経て、全国的に有名な三重県伊勢市の赤福の専務から同市のマスヤ食品の社長になった男です。

20代後半に赤福に入社して総務・人事業務に就きました。赤福の売り子は若い女性が務めていたのですが、三重は大阪や名古屋に人手が流出していたため、大分で顔が広い父に頼んで大分で新入社員を勧誘し始めました。父は大分の高校を回り、大分や九州各県からたくさんの卒業生を赤福に入社させました。当時の赤福の給料は良く、私の一番下の妹も赤福に勤めていました。そのころに三重に移り定着した人は多く、伊勢市には今も大分県人会があります。そうした人事などの実績が認められたほか創業家からの信頼を得て、次兄は赤福の中で出世していき、専務を経て関連会社のマスヤ食品の社長職に就きました。

マスヤ食品で新しいお菓子の開発を進めていた際、長兄の昭一が料理長を務めていた名古屋の「中日パレス」の調理場に、赤福の工場長を1年間派遣。そこで試行錯誤の末、中国料理をヒントに生まれたのが、ゴマ油を使って中華味に仕上げた「おにぎりせんべい」です。つまり次兄は、おにぎりせんべいの生みの親なのです。おにぎりせんべいは大ヒットし、多くのスーパーや菓子店で並ぶようになりました。ちなみに、カルビーの「かっぱえびせん」も中国料理の「シャーペン（えびせん）」が元になっています。

東京は、私が家出した前年に東京タワーが完成。4年後の東京オリンピックに向けてあちこちで公共工事が進められるなど、活気にあふれていました。

大分から東京までの交通費を、高校生でどう工面したか不思議に思う人もいらっしゃるかもしれませんが、実は中学時代からアルバイトをしていて、バイト代を貯金していたのです。

中2の時、私の親戚で学校の先輩だった人が卒業するにあたりバイトの口を譲ってくれました。酪農組合から教職員に牛乳を配達するという仕事で、このバイトをする生徒は、本来は徒歩のところを自転車通学できるようになります。毎朝、職員室に牛乳を配達すると同時に空き瓶を回収して、帰りに酪農組合まで持っていく。毎月21日の教職員の給料日には集金もします。教職員の月給が確か5、6000円ぐらいで、私は1700円もらっていましたから小遣い要らずで、友達にはよくおごっていました。酪農組合では牛乳以外にも牛乳を使ったアイスキャンディーを売っていて、当時はまだ珍しいものだから、放課後に友達を連れていって一緒に食べたりしていました。そのバイトを2年間続けました。

家出の行き先は、東京の長兄のところです。長兄はすでに中国料理の世界に入っていて、料理人として有名になりつつありました。

千代田区神保町、共立女子大学の近くに、マスコミに一切出ない「おけい」という餃子の名店があり、兄はこの店の料理長を務めていました。店は2階建てで、2階は座敷で20人、1階はカウンターで15人ぐらいの規模だったと記憶しています。ここはいつもお客さんで満席で、店の前には長蛇の列ができるほどの人気店。そこで食べた餃子にカルチャーショックを受けたのです。そのころは食べ物が十分になく、特に私が暮らしていた竹田市は田舎でしたから、外食と言ってもうどんや親子丼ぐらいしかありません。初めて口にした味に、とにかく感激したことを覚えています。

新宿の歌舞伎町に「餃子会館」という有名店がありましたが、東京でも餃子を出す店は数店しかありませんでした。餃子がブームになるのはその後のことです。

餃子の味に衝撃を受けた私は、長兄に相談しました。

「俺も料理人になりたい」

「学校はどうするんだ」

「どうでもいい。早くこの商売に入りたい」

当時は就職難で、高校を卒業しても就職先を見つけるのは困難な時代でした。上海料理の流れを汲む料理人だった兄は、「俺の店には来なくていい。これから日本で一番になろうという料理人がいる。できればその人の下で働いたらいいんじゃないか」とアドバイスしてくれました。

その時教えてもらった料理人が、のちに日本で「四川料理の父」と謳われる陳建民師父《スゥフー》です。中国語で、師匠や親方のことを「師父」と言います。

０歳の頃の私。高校２年生で家出をしたので、幼少期の写真はほとんど残っていない＝1942年ごろ

高校時代に、竹田市の岡城跡にて

東京に出てきたばかり。兄が勤めていた餃子の店「おけい」の自転車を借りている

2

私が港区田村町（現西新橋）の「四川飯店」を訪ねたのは陳師父が料理長のころで、日本で広く有名になる前のこと。当時の四川飯店は経営者が別にいて、使用人として雇われていました。陳師父は1919年四川省の生まれで、台湾、香港と渡り、1952（昭和27）年に来日していました。

四川飯店はそれまで、中国人または中国にルーツを持つ人以外は採用していませんでした。長兄の知人の紹介で面接してくれることになりましたが、私は「とりあえず面接だけ行って、そのつてでどこかの中国料理店を紹介してくれればいいや」ぐらいの軽い気持ちでした。当日、店に足を運ぶと、陳師父本人が面接してくれました。

陳師父がその場であっさり「いいよ」と了承してくれて、四川飯店で働くことが決まりました。OKが出た理由はいまでもよく分かりませんが、たぶん運が良かったのでしょう。私は、人生は「出会いと運」だと思っています。

中国料理は大きく北京、上海、広東、四川料理に分類されます。四川料理とは、中国西部の四川省を中心に食されている成都文化が発祥で、味、漢方、料理の種類が多く、香辛料が効いた深みのある味わいが魅力です。

四川料理は、かつて門外不出の料理でした。理由は、地理的に内陸部でほかの都市から遠いことが挙げられます。中国では料理や文化は長江（揚子江）を通して広まると言われており、内乱中に軍が船で長江をさかのぼって内陸まで攻め入ることを繰り返し、料理人が四川の料理を学んだり、料理人が入隊、脱走したりすることで外に伝播していきました。「川揚菜《サンヤンサイ》」という料理がありますが、これは四川と揚州（上海）が交じり合った料理のことを指します。さらに中国が近代国家になり、四川省出身の鄧小平が政治の世界で力を持ち始めたころから、いろんな地域に広がり始めました。

入門した当時、四川飯店には従業員が14人いて、中国人または中国にルーツを持つ人が12人、日本人は私を含めて2人でした。私が入るまでは日本人は採用していませんでしたので、働けたのは本当に幸運でした。

見習いが最初にやる仕事は鍋洗いです。それから食材の仕込み。電気冷蔵庫などなく、角氷で冷やす冷蔵庫を使っていた時代ですから、食材はほとんどが生ものです。芝エビは殻を剝いて背ワタを取ります。イカも浮袋が付いたまま来ます。ニワトリは首が付いて、モツ（内臓）が入ったまま、羽毛だけをむしった状態。お尻から手を突っ込んでモツを全部取り出します。コイも生きたまま入荷します。コイをつぶす（さばく）のは慣れないと難しく、ニガリブクロ（胆嚢）を切ると身が臭くなって使えなくなります。そして、当時はまだ食用ガエルをたくさん使っていて、これも生きたままなのです。その皮を剝かなくてはいけないから、それはもう悲惨でした。入り立てのころに先輩たちがつぶすのを見ていたところ、顔を落とされ皮を剝がされたカエルがぴょんぴょん逃げ回った挙句、自分の足に飛び乗ってきた時は気絶しそうになりました。電気冷蔵庫が広まったのは東京オリンピック後でしたから、それまではずっと生ものを扱っていました。

ピーマンやセロリなど、今ではなじみのある野菜も初めて見ました。大分県の竹田市にはピーマンとセロリはなかったのです。ザーサイの漬け物も、「菜頭」という野菜を生で仕入れていました。中国から日本に戻ってきた人が茨城に農園を持っていて、チンゲンサイも当時からありました。見るもの食べるもの、とにかく初めてのものばかりでした。

現在と比べると、当時は下処理作業がたくさんありました。今は生の食材もない、全て冷凍されて納品されます。昔の方が下処理など修業する時間が長くいろいろと勉強ができました。今の見習いは下処理に関しては何もしなくていい。しかも8時間労働。8時間しか働かなかったら、8時間程度の腕までしか上達しません。

調理場の中の会話は陳師父も含めてオール中国語で、最初はちんぷんかんぷん。でもそれを理解しないといけないので、聞くことは早くできるようになりました。料理や調理場関連の言葉は、耳にタコができるくらい何回も聞くので、知らないうちに頭に入ります。でも話すのは難しかった。怒られた時も、何が理由で何と言って怒られているのか分かりません。あれが日本語だったらカチンと来ることもあったと思いますが、中国語だから心にぐさっと来ないし、傷も付きません。それに中国人はおおらかなので、怒ってもその時だけで後には引きずりません。厳しい言葉が出ることはありますが、手は出さない。たたかれたことは一度もありませんでした。日本人の料理人の方が手を出す人は多かったですね。

店では賄い料理が出るのですが、中国料理自体初めてで、しかもニワトリのモツや皮を剝いだカエルを見た後だから、気持ち悪くて食欲が湧きません。最初の1週間は、卵かけご飯ばかり食べていました。ただ、賄いといっても、料理人が作る中国料理なので、すぐにおいしく食べられるようになりました。賄いは、料理を学んでいる最中の若手料理人が腕を磨く一環として作ります。つまり勉強です。その料理を先輩たちが食べて、「これはこうしなきゃダメだよ」と批評するのです。だから食に関しては最高の環境でした。

中国料理では、日本の包丁より大きくて四角い中華包丁を使います。和食の場合一般的に包丁は自前ですが、中国料理の道具は基本的に店の備品を使用。包丁を研ぐのも若手の仕事で、ランチタイムが終わるとその作業にかかります。包丁研ぎは、見習いからちょっと上がった人間が担当します。

「大きな包丁って使いにくそう」と思う人も多いかもしれませんが、私たちにとってみれば、中華包丁の方が重さがあって切りやすいのです。魚をさばくのも前菜に繊細な飾りを入れるのも全て中華包丁。私は小さい和包丁なんてほとんど握ったことがないから、料理をしたらたぶん手を切りますね。中華包丁の場合、例えば野菜を切るなど細かい作業は半分から前を、骨が付いた肉をたたき切るのは手元の方を使います。また厚みがあるタイプもあり、これはニワトリなどをブツ切りにする時に用います。基本的にこの2本だけです。ただ、中国料理は量もスピードも求められるので、爪はよく切っていました。徹夜麻雀の翌日に寝ぼけてトントンやっていると、ついつい手元が狂う。今も手には包丁傷が残っています。油によるやけども多かったですね。

中国人が、切り傷に塩やコショウをすり込むのには閉口しました。とにかく痛いのなんのって。いわゆる消毒する行為ですが、手を切って血が出たりすると、中国人の先輩が「ちょっと待ってろ」と言って塩を持ってきて傷口にぶっかけるのです。

「痛ぇーっ！」

昔から中国料理の調理場で伝わる民間療法なんでしょう。さらに嫌だったのは鍋の熱さ。鍋は両耳で、先輩たちは耳をタオルで包んで持って鍋を振るのですが、鍋洗いの時に耳が焼けているのをうっかり触ってやけどしてしまうのです。やけどをした時には、今度はその部分をガスコンロの火に近づけるのです。そうすると水ぶくれしづらいというのですが、やけどしているのにさらに焼くなんて熱くて仕方ありません。でも本当に水ぶくれしないのです。

切り傷ややけどの話で思い出しましたが、当時は調理場によくネズミが出没していました。朝出勤すると床の上をウロチョロしている。中国人の先輩はそのネズミを捕まえては、ガスの火で焼くのです。どうしてそんなことをするのか尋ねると、「焼くところをほかのネズミが見ている」と言うのです。「だから出てこなくなる」。面白い考え方をするものだと感心しました。それも実際出てこなくなるから不思議です。

私が入りたてのころは、陳師父はいつも調理場に立ち、鍋から手を離しませんでした。そして性格は二重人格。調理場では余計なことは一切しゃべらず、注意する時はにらみつけて「あなたね！」とびしっと言う。しかし調理場から一歩外に出ると、冗談を言ったり、女性のお尻やおっぱいを触ったりするような、そんな人でした。調理場では厳しい半面、ホールスタッフには優しかった。調理場では、たぶん人を褒めたことはないんじゃないかな。

陳師父の参謀的存在の料理人に黄昌泉《コウショウセン》師父がいて、この方はとても優しかった。陳師父が怒ると、黄師父が「大丈夫、大丈夫」と明るい声を出して場をなごませてくれていました。

私が入門した当時、陳師父の息子の建一は3、4歳。建一はよく陳師父に連れられて店の調理場に顔を出していました。陳師父が弟子たちに「おい、元気か」と言うと、建一も「おい、元気か」とまねしていました。いたずら坊主で小生意気。憎ったらしいけど、かわいい子どもでした。大人になってもその性格は変わりませんでしたね。

“私の神様”「四川料理の父」と謳われる陳建民師父

3

勤務時間は、基本的に朝は9時30分から夜の9時30分まで。長い時は14時間ぐらい働いていました。休みは月に3回です。休憩時間には従業員と一緒に銭湯に行き、年下は先輩たちの背中を洗います。新橋には中国料理店が7軒あったので、中国人の先輩たちは集まって麻雀を楽しんでいました。中国の麻雀は日本式より平たくて大きい牌を使います。そうやって息抜きをして、17時までに帰ってきます。

入りたてのころの給料は、月3000円。高卒の初任給が確か7000円ぐらいの時代だったと記憶しています。住まいは新宿区神楽坂で、昔フジテレビがあった近くのアパート。そこには長兄が住んでいて、兄とは別の部屋を借りました。トイレは共同で、お風呂はなく、家賃は3畳で月3300円。中国料理店はチップ制（＝サービス料）が一般的で、中国人の経営者はそのチップを従業員で山分けします。給与とは別にチップが月1500円ぐらい入るので、合わせて4500円ぐらいにはなっていました。ただ、四川飯店はおそらく中国料理店の中で見習いの給料が日本で一番安かった。その代わり料理をどんどん教えてくれて、できるだけ早く外に出す。つまり早く給料取りになれるのです。私が見習い時代は、仕事をたくさんこなすのが楽しかった。上を目指したい、人より多く給料がほしい。夢があったから、仕事を苦労と感じたことはありませんでした。

余談ですが、同じアパートにドリフターズの高木ブーさんが住んでいました。まだ無名で、通勤時間帯はよく同じバスに乗っていました。ギターかウクレレか分かりませんが、楽器ケースを持っていたのを覚えています。のちにテレビで見た時にはビックリしましたね。

たまの休日は、黄師父をはじめ先輩たちにあちこち食事に連れていってもらいました。黄師父は面倒見の良い人で、千葉にあるレジャー施設「船橋ヘルスセンター」（1977年閉館）に連れていったもらった時は、セスナ機の都内遊覧飛行を体験。この時初めて飛行機に乗りました。料金はたしか1人3000円ぐらいしたと思います。中国料理の世界では中国人の方が給料を高くもらえます。日本生まれの中国系の人がいたとして、中国名だったら給料が高い、逆に日本名だと給料が低い。これが相場です。黄師父も月給5、6万円ぐらいはあったと記憶しています。どの有名ホテルでも、中国料理レストランの料理長は総支配人と同額、またはそれより高いのが通例でした。飲みに行っても、私は飲み代を払ったことがありませんでした。営業日の昼飯はタダ、休日も先輩からごちそうしてもらえる。給料が少なかったからとてもありがたかったですね。

香港から中国人の料理人が多く来日していましたが、在留期間の制限があって1年に1回帰らないといけません。すると、先輩の料理人がお土産としてよく時計をくれていました。先輩が帰るたびに時計をもらうから、自分では買ったことがありませんでした。

当時の香港は貨幣価値が低く、料理人は西ドイツか日本に出稼ぎに行くことが夢だったそうです。現在、ヨーロッパ各国にある中国料理は、主に西ドイツから流れた料理人やその弟子たちが広めたもの。1999（平成11）年の香港返還の前には、料理人がオーストラリアやカナダに移り住み、その地でも中国料理が根付いていきました。

若いころは、先輩と後輩、中国人と日本人の間に入ってよく調整役を務めていたせいで、周囲からは「外交の魔術師」という異名を持つ元アメリカ国務長官にちなみ「キッシンジャー」とあだ名を付けられていました。人とのコミュニケーション能力が培われたのは、中国料理の世界に入ったのが大きかった。中国人のおかげと言っていいでしょう。人と合わせるのが上手な方だと自分でも認識しています。

東京は高度経済成長期に入り活気にあふれていて、四川飯店の近くの新橋駅前SL広場は今よりにぎやかでした。SLが置いてある場所はかつて馬券売り場があり、夜になると「勝った」「負けた」と言いながら周辺の居酒屋でワイワイ飲んで盛り上がるのです。そこらじゅうに人が大勢いて、歩くとしょっちゅうぶつかってしまうほどでした。駅前に「ハリウッド」という、ホステスが5、600人ぐらいいる大箱のキャバレーがあって、中国人の先輩たちによく連れていってもらった思い出があります。

銀座だと並木通りでカウンターバーが流行り始めたころで、4、500人収容できる大きな店もありました。長いカウンターの内側にはボーイがずらりと並んでおり、お酒だけでなく和洋中いろんな料理を出していました。私の仲間も数人、働いていました。当時は「バッカス」という店が有名でしたね。銀座というと大人の街というイメージがありますが、そのころは若い人が大勢遊んでいました。

4

中国料理の料理人は、まな板、前菜、鍋、点心とオールマイティーでなくてはいけません。中でもまな板が最も大切。皆さんが中国料理店に行くと分かると思いますが、注文すると料理がすぐ出てくる。それは、まな板の仕込みが根底にあるからなのです。「エビチリ」「チンジャオロース」といった注文が入ったら、仕込み済みのエビや肉、野菜を冷蔵庫からぱっと取り出してすぐさま鍋に投入できるから、そのスピードが可能。そこは和食や洋食とは違います。クイックサービスを提供したことが、中国料理が世界中で流行った理由の一つだと思います。中国料理は昔から分業制のシステムがあり、これをきっちり組織化したのが大型店。一方、個人店ではそれを自分一人で賄うわけです。

中国料理は、それぞれの料理の味が大きく異なる点が魅力であり、作る側としては難しいところです。エビチリはこういう味、チンジャオロースはこういう味、ホイコーローはこういう味というのがあって、どういう調味料をどの分量で使うか一つ一つ覚えなければいけません。「鍋を振る人によって味が変わる」というのは、そこが原因です。師匠や先輩が下に教えても、ちょっと目分量が違うと味が違う。皆さんも、料理人が中華お玉で調味料をすくって鍋に入れる様子をテレビなどで見たことがあると思いますが、ああいう時の分量の把握は勘で、暑さ、寒さなど天候によっても味付けは変わります。

豆板醤一つとっても、メーカーや発酵具合で味が変わるので注意が必要です。調味料が変わると、料理人は料理が作れなくなってしまいます。中国料理は混合調味料がないから、味にばらつきが出ることがありますが、大型店ではばらつきが出るのはよくありません。多くのお客さまが来るので、店の味をそろえることが求められます。大型店になるほど味を統一するのが難しくなります。

味には料理人の個性が出ます。独立した暁には自分の味を出したくなる料理人も多いし、一方で先輩から教わった味を出せなくなる人もいます。いや、自分の味はこうだと独自の道を進む人もいる。だから、お店によってそれぞれ個性がある。ただ、基本は絶対にあると思います。それを守るか守らないかは料理人の腕次第です。

料理を学ぶのは、見て覚える。それしかありません。今と違って労働問題についてうるさくない時代だったので、店が終わってから勉強する時間はたっぷりあり、先輩から教えてもらっていました。ただ、電気ではなく氷の冷蔵庫しかないため肉や魚は使えず、キュウリやトマトといった野菜類で練習するしかありません。当時は野菜の値段が高くなかったので、ある程度自由に使うことができました。在庫の野菜を使って練習して、練習で出たくず野菜はまかないの食材として再利用しました。

料理の美しさ、完成度、スピード、そういう技術を身に付けていかないと料理人として認めてもらえません。私はまだ10代だから、上の人に認めてもらう必要がありました。そういう意味では、四川飯店では他店でやっていないようなことを教えてくれます。当時はよそのことを知りませんでしたが、飾りつけの美しさは四川飯店の特徴。それができるのは、東京広しといえども田村町の四川飯店しかありません。その技術を習得すれば、高い給料をもらって外に出られるようになるのです。

最近は世の中が変わってきていて、特徴的なアイデアがある見栄えの良い料理がもてはやされています。昔と今と純粋においしさだけを比較したら、今の方がおいしさを感じません。全般にコクがないですね。近ごろは見習いが少なくなったため、見習いが嫌がる仕事を減らした結果、味が落ちる。味付けのタレまで手に入る時代になった一方で個性がなくなります。

今の時代の方が料理人になるのは簡単です。最近の人は頭も良いし、ネットや本などでレシピを見て作ることができる。家庭でも動画を参考にしながら料理をしている人は多いでしょう。昔はレシピなんてありませんでした。

私は「生涯修業」という言葉が好きです。陳師父が40、50年前にカタコトの日本語で口グセのように言っていた「あなた料理人ね。料理人は死ぬまで勉強よ。棺桶に入るまで」という言葉を今も覚えています。それぐらい、陳師父は料理に妥協しませんでした。

弟子をあまり褒めない人でしたが、一方で自分の息子には甘くて、のちに建一が料理を学ぶようになるとよく褒めていました。陳師父が建一に一つ一つ教えているのを、私たちはうらやましく見ていました。

若手時代の話をすると、みんなからよく「大変だったですね」と言われるのですが、今振り返れば大変だったことなんてなかった。どちらかというと楽でした。中国人の先輩たちにはとてもかわいがってもらいました。仕事が終わると「ちょっと飯食いに行くぞ」と食事をごちそうしてくれるし、休みの日も遊びに連れていってもらえる。そういう面倒見の良さがありましたので、見習いの間はほとんどお金を使わずに済みました。今だったら労働問題でいろいろと言われるような職場環境でしたが、周囲も似たようなもので、それが普通だと思っていました。仕事を覚えるのに精いっぱいで、不平不満を言う余裕もありませんでした。

5

私が入門した翌年から、陳師父はＮＨＫの「きょうの料理」に出演するようになり、それを機に知名度が一気に高まりました。一般家庭に中国料理が広まっていくようになったのは、陳師父が番組に出演したのがきっかけ。今となっては、家庭料理における中国料理の割合はラーメンまで含めれば和食より高いかもしれない、それくらい定着しました。

同年、陳師父は独立する形で六本木に四川飯店を出店しました。

その後は、「親亀上がれば小亀も上がる、親亀こければ小亀もこける」という言葉と一緒。陳師父が中国料理界で駆け上がっていき、私たち弟子たちも活躍する場が増えました。

四川飯店では、私はオードブル（前菜）を担当するようになりました。伝統技術料理の一つで、前菜の飾り盛りが得意でした。飾り盛りとは、結婚や長寿を祝う宴席に花を添える鳳凰などを表現した縁起の良い料理のことをいいます。鳳凰だと一皿作るのに必要な時間はおよそ2時間。鶴だと1時間ぐらいでしょうか。当時は、四川飯店の料理人しか作ることができませんでした。飾り盛りは、前菜の名手である黄師父に教えていただきました。前菜を担当するようになって以降、陳師父から「あっちの店に行け」「この店に入れ」と言われて、いろいろな中国料理店で働き始めました。そうなると段々給料が高くなっていきます。ちなみに、鍋を振るうのはどの店も中国人ばかりでした。

私が19歳になるころには、周囲からいっぱしの料理人のように扱われるようになりました。20歳で丸ノ内ホテルの中国料理レストランに入った際には、日本人7人、中国人3人のスタッフの中で、上は29歳の人がいるのに私がトップに置かれました。これは人間関係がちょっとややこしい。20歳で29歳の人を使うとなると気を使うし、息苦しくなります。中国人の世界では、幹部クラスが気に入った日本人を上に引き上げるのです。私は陳建民の弟子ですから、周囲の料理人も私に一目置くわけです。

中国料理はまだ世間にあまり知られていない時代でしたが、東京オリンピックを契機にホテルが新しく建てられて、そこに中国料理店が入ることで広まっていきます。それまでホテルに中国料理店が入っていたのは、新橋の「第一ホテル東京」だけだった記憶しています。このホテルは、用意されている料理から自由に選ぶバイキングスタイルの先駆けです。見習い時代に見に行きましたが、とにかくお客さまが詰めかける、とんでもなく人気の中国料理レストランでした。次に始めたのが上野の「東天紅」で、昭和30年代から急速にバイキングが広まっていきます。日本のバイキングは中国料理が最初で、それが話題となって洋食や朝食のバイキングが登場するようになるのです。

新しく建てられたホテルの中国料理レストランは、大半が広東料理でした。町場の中国料理店の中国人は高給のため移籍が難しく、広東料理の本場香港から人材を引っ張ってきていたのです。中国料理の料理長は、ホテルの総料理長以上に高い給料をもらっていました。今ではホテルの食は和洋中そろっているのが一般的ですが、そのころは珍しい中国料理を導入することで差別化を図っていました。中国料理は売り上げに期待できるだけでなく、利益率も洋食より高いため、経営的にも魅力があったのです。ホテルのメインダイニングに、フレンチではなく中国料理を据えるホテルが徐々に増えていきました。

そんな時代でしたから、陳師父にはいろいろなホテルから顧問や監修の依頼が殺到。近鉄の都ホテルグループは全部陳師父が手掛けていました。陳師父は資金を一切出さずに出店するのが流儀で、実際に自分で出資した店は六本木の四川飯店ぐらいだったのではないでしょうか。ほかはほとんど出資者（オーナー）からの要請で店を任されるというスタイルでした。それだけ、四川飯店の知名度が高かったということでしょう。

１９６０（昭和35）年、港区の芝公園近くに「留園《リュウエン》」という、まるで竜宮城のような4階建ての豪華な高級中国料理店がオープン。オーナーは盛毓度《セイイクド》という、京都大学に留学してのちに貿易会社を立ち上げた実業家です。八幡製鉄所がバックアップした、収容人数５００人という当時では最大規模の店で、上海、広東、四川料理を提供。顧問は陳師父です。その店のオープンに合わせ、陳師父から「行ってこい」と言われました。

調理場には50人の料理人がいて、四川飯店から手伝いという形で1年ほど働きました。繊細で美しい前菜を作れるのは四川飯店のみだったため、私のような前菜担当はいろいろな店に出向いて技術を伝授していくのです。ちなみに、この店は森繁久彌主演の映画「喜劇駅前飯店」の舞台になったことでも知られており、映画の1シーンに私たち若手も小さく映っています。人気絶頂期のリンリン・ランランが出演した「留園」のテレビCMも話題になったので、覚えがある方もいらっしゃるかもしれませんね。その建物は今は上海に移設されています。このころ、皇太子さまとご結婚された美智子さまの、東宮御所で開かれた誕生パーティーのためにオードブルをお作りしました。

留園に勤めた後、次は中央区銀座の「近鉄大飯店」に移りました。

高度経済成長期に乗って中国料理も全国的に広まっていきました。自分たちは時代的にラッキーだったのです。店のボスがのし上がっていったから、他店の若手料理人に比べ弟子たちは楽に稼げるようになりました。私は27、8歳ぐらいの時には雑誌「主婦の友」の料理ページを担当、ほかにも「専門料理」に連載を持っており、まだ若手とはいえ、中国料理界で私を知らない人はいなかったでしょう。雑誌に記事を書いたりするなんて、普通の料理人だったらできません。陳建民の弟子だから依頼してくれたのです。これも出会いと運です。

家出してから、東京の大学に進学した地元の同級生と会うようになったのは20歳を過ぎてから。それまでは一切連絡を取っていませんでした。「自分は彼らとは違う世界に来ている」「4、5年後までに自分がどうなっているか」だけを念頭に置いて料理を学んでいました。それまでは料理人の仲間だけと付き合っていました。

親に会ったのも、家出してから9年後でした。

神奈川県藤沢市の江ノ島に四川飯店の仲間と海水浴に行った（写真中央が私）＝19歳のころ

こちらも江ノ島を訪れた時の写真

陳建民師父の還暦祝いの席にて。左は黄昌泉師父
＝1979年ごろ

近鉄大飯店の調理場で料理人たち
と（後列左が蒋兆鳳師父、左から
２人目が私）

右は父・斉藤年太郎、左は母・ミヨシ。写真は後年に撮影したもの

私が家出をした後に父が書いたという書の額縁。「独立独歩」としたためてある

6

伊藤博文の肖像画が描かれた新千円札が発行された1963（昭和38）年、北海道の札幌へ。私は21歳になっていました。

そのころ、長兄の昭一はキャバレー「アカネ」を経営する「札幌ロイヤルホテル」でセコンドを務めていたのですが、すすきの7条7丁目に個人で「留仙閣」という20席ぐらいの規模の中国料理店を出していました。長兄が「店を1年間だけ手伝ってくれ」と言うので、仕方なく札幌に向かったのです。

長兄はちょっと破天荒な男で、東京慈恵会医科大学中退後に横浜で中国料理の世界に入りました。20年ほど前までは福岡市の博多で「昭太郎」という中国料理店を2店経営していて、テレビ西日本（TNC）の朝の情報番組の料理コーナーにレギュラー出演していたり、中洲で派手に遊び回っていたりしていたので、福岡では結構知られた存在でした。倒産してアメリカに逃げた後日本に舞い戻り、岐阜市の繁華街・柳ヶ瀬で「三本足」という中国料理店をオープン。岐阜新聞でコラムを書いていたりしていたようです。中学・高校では生徒会長。小さいころから父の命令で野球をやっていて、高校では4番でサード。西鉄ライオンズの黄金時代を築いた大投手、稲尾和久氏と交流がありました。

そのころ、「札幌パークホテル」の中国料理レストランで料理長を務めていたのが、近鉄大飯店で料理長だった蔣兆鳳《ジャンチョウホウ》師父でした。蔣師父は、近鉄大飯店での働きぶりをパークホテルを経営している銀座三愛の社長に気に入られて札幌に引っ張られていました。私の生みの親が陳師父なら、育ての親は蔣師父です。中国料理のほとんどをこの人に教えてもらいました。

札幌パークホテルは、経営元が変わった影響もあって人手不足でした。蔣師父から「東京から料理人が何人か来ているけど前菜をできる人がいない。手伝ってほしい」と頼まれ、「バイトだったらいいよ」と行き始めました。

そこで、東京から私の弟弟子の中国人夫婦を呼び、昼間に留仙閣を手伝ってもらうことにしました。私はパークホテルの仕事が終わった後、弟弟子夫婦に代わって夜9時半から深夜1時まで店に入る生活で、睡眠時間は毎日1、2時間しかありません。ホテルには朝7時に出勤。レストランは200人収容の大規模店で、毎日400人ぐらい来店していて、かなりの売り上げを上げていました。さらに北海道の結婚式では3、400人の招待客はざらだから、婚礼の集客も週末2日間で3000人超ありました。料理はほとんど中国料理です。料理人は25人ほどいて、私はバイトでしたが、その中で3番手の扱いでした。

前菜以外の料理は主に北海道時代に学びました。中国料理は、料理を仕込むまな板、オードブルの前菜、お菓子の点心、鍋を振る係というように分業制が敷かれています。まな板は野菜や肉を料理に合わせて切り分けるのはもちろん、食材を腐らせないよう冷蔵庫をきれいに保って中身を効率よく使っていかなくてはいけません。点心は、食事の最後を締める大切な料理です。鍋は店の味を売る役目。この3つが一緒になって動く必要があります。パークホテルでは、まな板を担う役目が私でした。料理を学ぶ、といっても教えてもらうのではなく、四川飯店同様見て覚えなきゃいけない。見て覚えて、賄い料理を作って、先輩たちからアドバイスをもらって、それを繰り返しながら腕を磨いていくのです。

しんどい1年間でしたが、振り返れば、これが私の体力の基礎をつくったような気がします。私がパークホテルに正社員として入社しなくてはいけなくなったため、長兄の店はそれを機に閉店しました。

札幌では最初、自分でアパートを借りていましたが、ホテルに入社してから社員寮に移りました。経営元が銀座三愛だったから社員寮も立派で、単身者が200人ぐらい住んでいました。2人で1部屋。大きな食堂とお風呂も完備されていました。ここ以外にも、70世帯ぐらいの家族寮がありました。

パークホテルで働き始めたころ、入社1年目の初任給が1万3000円程度の時代に、私たちは3万円強もらっていました。残業を入れると、6万円ぐらいにはなっていました。

仕事も充実していましたが、遊びにも力を入れていました。一般のサラリーマンより給料がよかったから遊ぶ金にも困らず、自分で言うのも何ですが、それなりにモテていました。当時、すすきのはキャバレー大国で、大箱のキャバレーが何軒もありました。老舗では「アカネ」という高級キャバレーが人気を博していたほか、大きいのになると4階建てのビルの各フロア全てにキャバレーが店を構えていて、ホステスが400人ぐらいいました。料金は指名料込みでおよそ3000円。今でいうと2万円ほどでしょうか。芸能人も数多く訪れていて、ショーもたくさん開かれていました。

1972（昭和47）年の札幌冬季オリンピックを前に、すすきのの繁華街も発展途上で、次から次へと新しい店がオープンしていました。今のすすきのに比べて華やかさが全然違っていて、私がいたころは本当に面白かった。最高の札幌生活を過ごしました。

札幌パークホテルには当時、会員制のクラブがありました。ホテルにクラブを設けたのは同ホテルが全国初で、銀座三愛の経営だからできたのでしょう。個室が4つほどあり、フルバンドの演奏が入るような豪華な造りの店でした。すすきののクラブのホステスがアフターでよく訪れていて、いつもお客さまでいっぱいです。有名な歌手のショーも開かれ、ポップデュオのじゅん&ネネや、歌手の安倍理津子がデビューしたのはこの店です。石原裕次郎が来た時は店を全部貸し切り、料理人や洗い場の見習いをみな集めて食事やお酒を振る舞った上に自分で歌を歌って聴かせていました。アントニオ猪木と倍賞美津子が恋をしたのもこの店です。

私がいたころの北海道はもっと寒くて雪が多かったように思います。1年の半分の6カ月くらいは雪に閉ざされていたのに、今は4カ月くらいで済みます。ゴルフ場も以前は11月半ばでシーズンオフに入っていたのに、今では12月1週目まで開けているところもあるくらいです。やはり温暖化の影響が大きいのでしょう。この半世紀で北海道の生活環境は大きく変わりました。

今のサッポロラーメンと昔のサッポロラーメンは味が違うように感じます。昔の方がやはりおいしかった。本職の料理人だから今のラーメンに違和感があるのかもしれませんが、食べる時のシチュエーションが影響していたと思います。ラーメンがおいしい季節といえば小雪が舞い散る冬。飲み終わった深夜1、2時、シメを食べようとラーメン店ののれんをくぐってドアを開けた瞬間、眼鏡が一瞬で曇って真っ白になる。「寒い寒い」と震えながらすするラーメンはたまりません。体も暖かくなる。外気温とラーメンの熱さの温度差が体に染みるのです。

北海道といえばジンギスカン料理が有名ですが、ジンギスカンは当時からあり、公休日などに従業員みんなで河川敷に行ってワイワイやるのが楽しみの一つでした。

1968（昭和43）年、北海道は開道百年と札幌市創建百年を迎えました。9月2日に丸山陸上競技場で天皇皇后両陛下のご臨席の下で記念式典が開かれたほか、さまざまな記念事業が実施されました。

その際、天皇皇后両陛下が札幌パークホテルで中国料理を召し上がられました。両陛下が本格的な中国料理を口にされるのは初めてで、トップの料理人だけが調理することを許され、私がオードブルとデザートを、ほかは全て料理長が担当しました。当日は調理場に宮内庁の主膳長がやって来て、料理を作るところをずっとチェックしています。料理を提供する際は皿にふたをして運ぶなどルールも細かく決められていました。天皇陛下はブドウのマスカットがお好きだということだったので、ブドウのデザートを作ろうとしたところ、「皮を剝いてください」と主膳長。さらに「これは種が入っています」と言われ、「マスカットは種が入っているものだろう」と思いましたが、包丁を入れて種を取って急場をしのぎました。後日、洋食では針金の先に小さな輪を作ってブドウの種を取る方法があると聞きました。

北海道はかつて、中国料理の人気が高い〝中華天国〟の時代がありました。札幌オリンピックの前に「札幌ロイヤルホテル」と「札幌ホテル三愛」と２つのホテルがオープン。そこからホテル戦争に入っていくのです。日本で最初に会費制の結婚式を取り入れた地域が北海道の札幌で、会費制のため料理の費用を抑えるという意味合いもあって中国料理が多く利用されました。飲食だけでなく、テーブルの上に置くたばこ代まで会費に含まれます。土・日曜になると２日で３０００人以上の料理を提供しなくてはならず、一人一人料理を提供する洋食ではとても無理です。立食料理は洋食でしたが、それ以外は中国料理がほとんどでした。

近年は札幌市のホテル事情も様変わりしています。14の大型シティーホテルに以前は12の中国料理店があったのに、現在は4店しかありません。インバウンド需要に対応するために宿泊特化型にリニューアルしてしまったのです。宴会は受けず、食事は朝食ビュッフェだけを提供する、そういうスタイルに変わりつつあるのが現状です。当然、料理人が働ける場所も減っています。長くホテル業に携わってきた自分から見ると、今後どうなるんだろうという不安はあります。

たまたま手伝いで北海道に行きましたが、結局8年間過ごすことになりました。

第2章

桃花源

1

私が札幌に渡って約8年後の1971（昭和46）年、豊島区の池袋駅西口にオープンする「東武エアキャッスル」という15階建ての大型デパート（現東武百貨店）に四川飯店が出店するタイミングで蔣兆鳳《ジャンチョウホウ》師父と私は四川飯店に帰ってきました。

同じ14階には、ステーキやしゃぶしゃぶの「スエヒロ」と、アメリカの日本食ブームの立役者、ロッキー青木の「ベニハナ」がありました。池袋店の広さは系列店の中でも大型で約200坪あり、私はこの店から鍋を担当するようになりました。上階にはビアガーデンの先駆けで人気を博した「ニュートーキョー」が入店。ベニハナのオープンにはボクシングヘビー級世界王者のモハメド・アリが来店して、ものすごい人だかりができたのを覚えています。

その年、私に「熊本ホテルキャッスル」への移籍話が持ち上がりました。ホテルキャッスルには、業務提携している三井観光（旧北炭観光）から出向して常務を務めていた伊藤さんと、同じく支配人の山下さんという方がいて、以前、札幌パークホテルで一緒に働いていました。この2人は福岡出身で、同じ九州人ということで仲良くしてもらっていました。その縁もあって私に声が掛かったのです。

熊本ホテルキャッスルは１９６０（昭和35）年10月、熊本国体に臨席される天皇皇后両陛下のご宿泊所として建てられました。皇室のために建てられたホテルは全国でもここだけで、名門中の名門ホテルです。

皇室が宿泊するホテルや旅館は警備上安全かどうか、有名かどうか、この２つの要素が大事だと言われていますが、それまで熊本にはふさわしい宿泊施設がありませんでした。まだ戦後15年。当時の熊本の政財界を代表する17人が発起人となって資金を持ち寄り、建設費５０００万円を捻出したそうです。10月の完成を目指し突貫工事を続け、総力を結集してついにオープンにこぎ着けました。広い庭園を持つ地上４階、地下１階の建物で、客室35室のほか結婚式場、宴会場２室、レストラン３カ所、バーを有する国際観光ホテルの誕生です。しかし、資金繰りが厳しかったのか工期が間に合わなかったのかオープン時、４階フロアは内装がない状態でした。両陛下が宿泊されたのは３階で、その階まではなんとか間に合わせたのでしょう。４階が完成したのは７年後だったそうです。

ホテル側から、「新しく建て替えるので、中国料理の店を出したい。できれば人を出してほしい」と蔣師父に相談がありました。組織ですから私は交渉できません。蔣師父が私に「おまえがいなくなると俺は困るけど、おまえのためには行ったほうがいい。どっちでもいいけど、どうする?」、こう聞いてきました。「天秤かけていいよ。あなたのためにどっちがいいか、自分で考えなさい」。私がいなくなると、蔣師父が困るのは私も分かっています。蔣師父は、日本語はカタコトだし、スタッフは私以下みんな日本人です。でも、私がホテルキャッスルに行くと上にはトレードマネー（＝移籍金）が入ります。中国料理の世界では、昔からトップハンティングや人の引き抜きは当たり前。ちなみに、私の移籍金は現金で500万円でした。

当時、母親が大分から熊本に引っ越していたのを蔣師父は知っていて、「親孝行できるから行ってこいよ」と背中を押してくれました。一方で「蔣師父は俺を金で売るんだな」という考えも頭をよぎりましたが、中国料理はそういう世界だから仕方ありません。それに私は家出したまま実家には帰らず親に心配をかけてばかりだったので、これも親孝行かと思って熊本行きを決めました。

この時私は29歳で、ホテルキャッスルと仮契約しました。3年契約で、縁もゆかりもない熊本に行くことになりました。

中国料理人の世界では、ボスが「あそこに行け」と言ったら、行かなくてはいけません。売り上げを上げられる有名な料理人はすぐによそから引っ張られるのですが、金銭的な条件面は全てボスが決めます。私が聞いた限りで最も高い報酬は、今から45年ぐらい前、香港の有名なクラブの料理長が5年契約で1億円。数百万円でマンションが買える時代に、です。しかも現金先払い。ただし5年間はその店にいなくてはいけません。まあ当時はチップ制が一般的だったからチップだけで生活していくことができました。

中国人の世界では移籍金は表に出るお金ではなく、領収書も何もありません。しかも、このお金は私には一切入ってきません。自分に決定権は何もなく、ボスが条件を決めるのです。

ホテルのリニューアルにあたり、四川料理を導入することに当初は反対の声が多かったそうです。株主を中心に「熊本は福建料理の街だから四川は合わない」という意見が多数を占めていました。しかし、酒造メーカー「瑞鷹」の吉村常助社長（当時）が田村町の四川飯店の上客で、吉村さんは東京に行くたびに通われていたから、おそらくあの人が四川料理を推したのではないでしょうか。

改築計画図面を見せてもらうと、中国料理店はホテル1階の南東側の角に設けられる予定になっています。2階には宴会場と、フロアの西側には熊本城を望めるカフェ、2階屋上にはプールがあるぜいたくな設計で「これはすごいな」と驚きました。地下は駐車場の予定でした。

月日が経ち、建築途中のホテルキャッスルの現場を見る機会がありました。すると、以前に見ていた計画図面と全然違うのです。途中の階まで組み上がっているのですが、2階に宴会場がありません。「あれ、中国料理レストランはどこ?」。

なんと、中国料理レストランと宴会場の位置が地下に移っていたのです。1階の中国料理店が入る予定だった場所は、コーヒーショップに変わっています。建物の階数も本来もう少し高かったのに予定より低くなっている。設計変更の理由は、1970年代に2回起きたオイルショックです。建設費が高騰したため、ホテルの規模が縮小されてしまったのです。これは後から聞いた話ですが、中国料理レストランはすぐ撤退できるよう階段下になったそうで、当初はあまり期待されていませんでした。

2

本契約を済ませた私は1975（昭和50）年7月、33歳の時に熊本ホテルキャッスルに入社しました。この年、アメリカのパニック映画「タワーリング・インフェルノ」が日本で大ヒットしました。

契約期間は3年で、月給は総支給額39万円、手取り30万円。アパートなどの住宅費は会社負担という条件です。当時50代の総料理長の月給が17万円で、私は年齢もかなり下で料理の腕も知られていないから、最初は周囲からいろいろ言われました。

リニューアルしたホテルキャッスルは、それまで働いていた札幌パークホテルに比べると、宴会場の規模がとても小さい。当時は2階の宴会場もなく、広さも5分の1程度しかありません。第一印象は「わっ、宴会場が小さい」でした。北海道は中国料理の人気が高く大きな宴会も多く開かれていて、何百人もの料理を作ることに慣れていたので、私にとっては簡単。これだったら余裕だな、と思いました。

中国料理レストランの面積は、調理場が17坪、客席は29坪しかありませんでした。場所は今と同じですが、もっと狭かったのです。

ホテルキャッスルと契約する時に、私は条件を出しました。「中国料理レストランの運営に、経営者や支配人は一切口を出さない」。つまり私に全て任せるという意味です。もちろん責任は私が取ります。自分たちは請負業ですから、ここで客を呼べないと次がありません。3年後に東京に帰っても、良い仕事の依頼が来ないのです。

平塚泰蔵社長（当時）に最初の面接時、こう言われました。「まだ若いから苦労するぞ。勇み足をするな」。その言葉が今でも頭に残っています。私も若かったからカチンと来ましたが、逆にそれが良かったのかもしれません。これは「舐められたな」と思って、それを機に「やってやろう」と奮起しました。この言葉がなかったら私は熊本でのんびりしていたかもしれません。

店の名前は、蔣師父と相談して「桃花源《とうかげん》」としました。札幌パークホテルの中国料理レストラン名は「桃源郷」で、「桃花」「桃源郷」は漢詩によく出てくる言葉です。桃の花は中国では広く愛されています。

オープンは9月1日。私は、桃花源に部下を5人連れてきました。

そのうちの1人は善家繁で、彼はハワイの「シェラトン・プリンセス・カイウラニ」というホテルの中国料理レストランの料理人でした。そのほかに北海道から1人、東京から3人で計5人。いずれも四川飯店系の料理人です。加えて熊本で2人雇い入れました。一番弟子が河野章一で、二番弟子が相良敏之。最初は、私を入れて8人の料理人体制でスタートしました。

蔣師父からはこう言われました。「料理人が8人いても、ローテーションで休むと6人しか出勤しない。6人だと6人分の仕事しかできない、8人だと8人分の仕事ができる。だから1年間休まずやれ」と。1年休まなかったら10年食える。この言葉を聞いて、中国人は発想が違うなと感嘆しました。オープン当初は食材や調味料、調理器具がどこにあるかも分からないし、気候や天気が違うから調理方法も変わります。だからしばらくは、調理場スタッフは丸1日の休みはなく、ランチ後に「今日の夜は予約が少ないからあがっていい」という要領で半日休を交代で取るようにしていました。こういう働き方は、今だったら絶対にできませんね。

一方で、和食と洋食の店はローテーションで休みを取っていました。洋食はリニューアル前に比べて店舗、宴会場含めてキャパシティーが5倍に増加しており、洋食の料理人は以前の5倍こなさないといけなくなって、てんてこ舞いです。私たちは、ホテルキャッスルの数倍規模のホテルから来ているので、宴会の人数が少々増えたところでびくつくことはありません。洋食は大きな宴会が入るたびにパンクしてしまい、どんどん評判が悪くなってしまう。料理がなかなか出てこないから当たり前です。会社側が想定した売上予算は当初、中国料理が一番低かったのですが、安定して売り上げを伸ばしていきました。

料理長になったら、お客さまの前に出るのが理想でした。つまり陳建民師父のマネをしたかったわけです。かつては料理人が調理場から表に出てくるということはありませんでしたが、陳師父だけがカタコトの日本語で冗談を言いながらお客さまの席を回っていました。だから桃花源では最初から表に出て、お客さまにあいさつしたり、料理の説明をしたりしていました。初めて味わう料理ばかりだから、食べるほうも説明があった方がおいしく感じます。熊本に来てその夢がかないました。

桃花源のメニューは、コース料理と一品料理を提供する東京スタイルを踏襲しました。豆板醤を使った料理を熊本で出したのは桃花源が最初です。それまで、麻婆豆腐もチリソースもラー油を代用していました。熊本の人たちは、桃花源の四川料理に度肝を抜かれたと思います。

初めて食べるお客さまにとっては強烈な味だったようで、「辛くて食べられない」

と言われることもありましたが、初めての人向けに辛さを抑えるといったことはしません。というのも、スパイスの辛さというのは慣れるものなのです。今日食べたものより明日、明日よりあさって、と慣れていく。だから、1カ月前と同じ辛さの料理を出しても、お客さまは「今日はあんまり辛くないね」と感じるようになる。四川料理はニンニクやショウガ、ネギ、香辛料の使い方が絶妙で、麻薬のように中毒性があります。人間が一度食べたら忘れない味で、自分たちで作っていてもそう思うのですから、以前来店してクレームを入れた人がファンになっていきます。

オープン当初、お客さまからチャンポンや皿うどんをよく注文されました。でも私は「チャンポンや皿うどんは作ることができません」と断っていました。事実、今まで作ったことがなかったので、本当に作れなかったのです。

チャンポンや皿うどんは中国料理にはなく、長崎で生まれた「長崎中華」「ご当地中華」で、そのころは東京にもありませんでした。だから私は「チャンポン・皿うどん専門店に行ってください」とずーっとそう答えていました。これは本当の話です。それに、麺飯類を出すと客単価が下がるのです。当時は生意気だとたたかれたりもしましたが、客の言いなりになりませんでした。

あるタウン情報誌に店が紹介された際、「ここの料理人は肥後もっこす。お客さんの言うことは聞かない」と書かれました。私は「肥後もっこす」という言葉をその時初めて知りました。

桃花源の味を理解して育ててくれたのは、瑞鷹の吉村社長（当時）や田中耳鼻咽喉科（現くまもと令和クリニック）の田中民夫院長（当時）夫妻、佐竹商店社長をはじめ多くのお客さまたちです。食のうわさは、そういう人たちの口コミを通して広まります。それまでの熊本の中華の常識を打ち破る料理が、よくも悪くも話題となりました。桃花源では「タンメン」や「タンタンメン」を出していて、私のこうした言動が話題になったのか、そうした麺類の注文が増えるようになりました。

桃花源は、それまでになかった四川料理で熊本に新風を吹かせたのです。熊本の食のバロメーターが桃花源。熊本のトップクラスのお客さまに来ていただくようになりました。

熊本に来て半年後の１９７６（昭和51）年、万亀子と結婚しました。3月にハワイで結婚式を挙げて、11月に東京の京王プラザホテルと熊本ホテルキャッスルで披露宴を開きました。東京では北海道から愛知まで、熊本では大阪以西に住む友人、知人、お世話になった方々に出席していただきました。万亀子とは東京で知り合いました。

3

桃花源では中途採用をしないため、料理人は全員叩き上げです。見習いで入って一から育てます。これまでに弟子を60、70人ぐらい送り出したのではないでしょうか。四川飯店同様、桃花源にはレシピはなく、料理は〝見て〟覚えるのが基本。先輩が実際に作りながら「しょうゆはこれくらい」「酢はこれくらい」というふうに口伝えで教えていくスタイルです。若手が作った料理に対しては、先輩が「ちょっと辛すぎる」「色は少し薄くして」とアドバイスをして、それを繰り返しながら覚えていく。賄い料理も若手や見習いが作って評価してもらうのです。

ただし前菜だけは陳師父から受け継がれたレシピが存在し、紙に書いて調理場に置いてあります。前菜というのは最初に出す料理なので、味が変わるとお客さまが違和感を感じてしまうため、味をいつも同じにする必要があるのです。だから、四川飯店出身の料理人の店の「バンバンジー」や「ウンパイロー」は同じ味です。

皿洗いも手洗いにこだわりました。高温で焼く食器は高温に弱く縁が欠けやすいので食器洗浄機は使いませんでした。しかも店が狭くて壁が薄いから、洗浄機を使用すると客席に音が響くのです。ただ私が辞めた後、やはり大変だったのか洗浄機を導入したようです。

初期メンバーの河野章一は、普通の子というのが第一印象。研究心、探求心が強く頑張り屋でしたが、オープンしてすぐ体を壊してしまいました。しかし周囲が働くから、ぐだぐだ言えない、付いていくしかない。忙しいし、休めなかったから見習いとしては一番厳しい時代だったでしょう。それでも病気から復帰して頑張ってくれたので、根性はすごくありました。彼は3、4年勤めた後、別の中国料理店で経験を積み、熊本市中央区に「四季 儷郷」をオープンしました。

もう一人の初期メンバーの相良敏之は体が大きく、ニックネームは「ジャンボ」。彼は2年ほど勤めた後、エジプトに渡って日本企業のダム工事現場の従業員向け食堂で働きました。そこに4年ほどいてお金を貯めて帰国し、今はもう閉店しましたが、菊池市で「頓珍館」を開きました。

河野たちの次ぐらいに入ってきたのが、王長湖《おうちょうこ》。彼は、うちで働いた後に独立して熊本市東区に「王家亭」をオープンしました。長田広起は、のちに菊南温泉ユウベルホテルの中国料理長になりました。彼は中国料理世界大会の「冷盤」部門で金賞を受賞したこともあるなど、良い腕をしています。このほかにも、本田新二が熊本市東区に開いた「葉山亭」などがあります。

私の変な自慢の一つに、桃花源の調理場では「見習いには風邪という病気はない」があります。今なら絶対怒られそうですが、私が現役のころまでは風邪で休む人間は一人もいませんでした。「風邪は病気じゃない」。これは私が言ったのではなくて、私が見習いの時に中国人から言われた言葉です。入門したてのころ「熱があるので休みたい」と店に電話すると、「あなたね、電話できるから大丈夫ね」とガチャンと切られてしまったのです。中国人は厳しい。むかっとして店に行くと、陳師父がわざわざ風邪に効くような料理を作って「あなたね、これ食べる」と出してくれるのです。例えば、サンラータンはコショウや酢が入っていて汗をかく。いわゆる中国漢方で、ほかにもスタミナが付く料理を食べさせたりする。食べ終わると「はい、帰って寝るよ」と言われて帰るのです。当時細かった私が健康に過ごせたのはこの流儀のおかげで、桃花源でも取り入れました。だから、うちの調理場に勤める子はみんな風邪に強かった。ただ今振り返ると、当時の若手には無理をさせたな、申し訳ないなと反省しています。

ホテルの他部門と違って過酷な職場環境だったから、今振り返るときつかったと思います。それに付いて来た人間は、みんな根性がある。技術や味を学んで次々と若手が育っていく、その積み重ねが桃花源の歴史です。そして四川料理が熊本を中心に広がっていきました。

私はこれまでいろんな料理人を見て、料理を教えてきましたが、人によって料理のセンスの有無は実際にあります。料理はセンスに負うところが大きい。特に勘が良い子、頭が良い子は料理がおいしい。料理は見て覚えるので、勘がものを言います。さらに独立してからはアイデア、応用も必要で、学んだものをそのまま出すのではなく、自分流にアレンジしていくことが求められます。それが個性につながります。勘とスピードが備わっていれば、素晴らしい料理人になれます。

ホテルの中国料理レストランでは最近、賄いを食べる習慣が減り、従業員食堂を利用することが増えました。賄いを作ると原価率が上がるとか、社員を平等に扱わないといけないとか、さまざまな理由から賄いという文化が廃れつつあります。

また、私の店では、調理場には女性は入れません。今時こういう言い方は適当ではないかもしれませんが、料理人は力仕事なんです。男の職場に女性が入るとみんなが気にするし、手加減してしまって調和が乱れるのです。過去、一度だけ料理人として女性を入れたことがありますが、「足を滑らせて油を浴びたりしたら大けがするから」なんて周囲が気を使う。その状況に女性が反発して、みんなが腫れ物を触るようになってしまったので、申し訳ないけど、その子には辞めてもらいました。女性の応募は多数来ますが、それ以来採用していません。

4

店が成功するには、調理場だけでなくホールスタッフの貢献も必要です。歴代のマネージャーやウエートレスを含めて、最高のスタッフに恵まれました。

特に最初のマネージャーの寺本八宏が、桃花源の接客サービスの基本をつくりました。当初、マネージャーは別の人間になる予定でしたが、洋食の人材だったため納得せず、「私が連れてくる」と断って引っ張ったのが彼でした。年齢は私より1歳下。

東京で良い人材がいないか探していて、出会った時に「こいつはいいや」と思い、経歴を尋ねると高校を卒業し就職した先がホテルキャッスルだというではないですか。これ幸い、渡りに船とばかりに熊本に連れ戻してきました。

彼のやり方を歴代のスタッフが今まで受け継いできました。私が前にがんがん進んでも、ホール、調理場含めて、後ろを守ってくれるスタッフがたくさんいたので助かりました。

私は、ウエートレスの制服まで自分で決めていました。うちの女性スタッフはきれいな人が多かったので、周囲から「斉藤さんが美人を選んでいるんでしょう」と言われていましたが、実際はそうじゃない。働いているうちに磨かれていくのです。お客さまが多いと女性はきれいになります。気配りも必要になるし、動きも洗練されるし、立ち居振る舞いが違ってきます。「桃花源はホテル直営じゃない。テナントが入っている」と噂されるぐらい、和食や洋食部門とは異なる接客サービスを提供していました。

ウエートレスの制服については以前、女性スタッフにデザインを決めさせて、ワンピースやパンツルックも試してみましたが、やはりしっくりきませんでした。日本人の体型に合いません。日本人女性には、上着で少しお尻が隠れるくらいの長さが一番格好よく見える。私は日本だけなく世界各国のウエートレスの制服を見ているので、見る目はあるつもりです。そしてミニスカートの方がかわいい。現代ではこういう言い方はNGかもしれませんが、女性は色気があった方がいいですね。

私は男性より女性をかわいがるのが上手です。私が思うに、ホテルは女性中心の職場。お客さまからクレームが入った時、男性が謝るより女性が謝ったほうがうまく収まります。だからホテルキャッスルの女性社員は謝り上手が多いのです。ホテル業は、旅館もそうですが、女性が主力。男性は裏方で力持ちであればいい。女性にはニコニコ笑顔でいてほしいから、男性には「女性を絶対に怒ってはダメだ」と言っていました。女性が気持ちよく働ける職場環境を整えることが、客商売としては大切です。

特に桃花源のウエートレスは愛嬌も良いし気も配れる。歴代の女性がそうなんですから、本当に日本一だと思います。店ではマネージャーもウエーターも絶対に女性を怒りません。特に料理人には怒らないよう徹底していました。オーダーミスなどがあると、調理場が「何考えてんだ、おまえは」と声を荒げるような飲食店がありますが、うちの店では「いいよ」と言ってすぐ作り直す。そうすると、失敗した女性は同じミスをしないようにするし、思い切って働けます。

桃花源では1975（昭和50）年から顧客ノートをつけていて、「このお客さまはこういう味が好きです」「このご家庭ではこの料理はダメです」というようなことを書き留めています。お客さまや家庭ごとに好みの味が違ったり、好き嫌いが異なったり、また常連のお客さまになると三代にわたって情報が書いてあったりします。クレームがあった時もそれを記入し、ノートを調理場に持っていって、調理場スタッフが見て印鑑を押して戻す。いわゆる情報共有です。徹底的にお客さまに目を向けているのです。この取り組みをしているのは、ホテルキャッスルでは桃花源だけ。オープンして半世紀、中国料理のレストランとして地域でトップを張るには理由があるのです。

ほかの部門とは生き方が違う。若いスタッフも売り上げ意識を高く持っており、「今日はいくら売り上げられるか」で賭け事をしたりしている。それで大台を突破すれば、みんなで「やった」という雰囲気になるのです。

5

私は、四川料理の基本メニューについては味を変えていません。そこに新しい技、新しいアイデアを加えてきました。キャッスルの冬の名物料理「カキと銀杏の辛子炒め」は、それまで日本全国どこにもありませんでした。カキを一旦唐揚げにしてピリ辛に炒める料理で、カキを食べられない人も食べられると評判になりました。これは賄い料理から始まったメニューです。また、中国料理では定番スープのサンラータンに麺を入れた「サンラータンメン」はＮＨＫの職員のリクエストで作ったアレンジ料理で、今や全国どこの店でも見るようになりました。これは2品とも昭和51年に出来た料理です。人まねできる、アレンジできることは料理人として必要な素質。良いものを取り入れて、その人の個性を加えれば、全く新しい料理が出来上がります。「俺の料理はナンバーワンだ」と人のまねをしない意固地な料理人は名料理人にはなれないと思います。

私は料理を作る際、一品一品必ず味見をします。味見も量をこなすと結構きついので、間にウーロン茶で口をゆすいで次の料理に移るようにしています。水だと口に味が残る。ずーっとお茶を飲んでいるので、1日でやかん1杯分ぐらい飲んでいるのではないでしょうか。味見も、炒め料理と煮込み料理ではやり方が違います。炒め料理の場合はどちらかの手の甲に料理を少し乗せて味を見ますが、煮込み料理の場合はツユをお玉ですくって口の近くに持ってきて水滴を「ひゅっ」と吸う。この時、お玉に直接口を付けるのではなく、水滴を飛ばすのが技術。直に口を付けるとやけどしてしまいます。正直、味見だけでおなかいっぱいになります。

熊本の郷土中華といえば、春雨を使った麺料理「タイピーエン（太平燕）」が知られています。潮谷義子知事時代に、タイピーエンを復活させて名物として売り出したいから協力してほしいと依頼を受けました。

そこで、おいしいタイピーエンのレシピを考案して、潮谷知事の知人の女性グループに試食してもらいました。評判は良かったのですが、その味を出すには単価3000円以上じゃないと難しい。桃花源には1200円の「五目タンメン」というメニューがあり、もしそれより安い価格帯でタイピーエンを提供した場合、爆発的に売れると客単価も売り上げも下がってしまうため、自店ではメニューに加えませんでした。

すると「ホテル日航熊本」も「ニュースカイホテル」もみんな売り始めちゃったから、料理人仲間から「自分で火を付けておいて、自分のところはやらないのか」と随分クレームを言われました。だから、県外の参加者が多い宴会の屋台（コーナー）料理として提供するようにしました。

オープンから3年経って東京に戻ることを考え始めたころ、会社から残留要請が来ました。会社としては洋食、和食ともに振るわず、中国料理がダントツに売り上げている状況だったのが大きかったのでしょう。私は残留の条件として月給10万円アップを提示したところ、それを会社が飲んでくれました。額が大きく絶対断るだろうと踏んでいたから、当てが外れてしまいました。10万円上がると、社長と給料がほとんど一緒になってしまうのです。

妻と結婚したのも東京に帰るのが条件で、向こうの親にもそう約束していて、私も帰るつもりだったのに仕方なく残ることになりました。熊本に残ることを聞いた妻は、かなりショックを受けていましたね。妻は東京都板橋出身の銀座育ちで、ちゃきちゃきの江戸っ子。熊本弁や大分弁なんてまるで分かりません。当時は子どももいなかったので、東京が恋しくて仕方なかったようです。

桃花源が熊本で有名になり、私も料理人として知ってもらえるようになりました。RKK（熊本放送）の「ざっとサタデー」やTKU（テレビ熊本）の「夜はぶらぶら」といったテレビ番組への出演も増加。その後、KKT（熊本県民テレビ）の夕方帯番組「テレビタミン」の初放送とともに金曜の料理コーナーのレギュラーになりました。テレビタミンは約10年間、私が社長になるまで出演しました。

1999（平成11）年10月、天皇皇后両陛下が第54回国民体育大会ご臨場のために来熊された際、ホテルキャッスルを利用していただきました。天皇陛下が到着された時には、何千人という県民の皆さんが沿道や熊本城の城壁、高橋公園に提灯行列をつくって歓迎しました。提灯奉迎は、1960（昭和35）年に昭和天皇が国体ご臨場で熊本を訪れて以来のこと。私は初めて提灯奉迎を見て感激しました。

天皇皇后両陛下はその夜、中国料理をお召し上がりになりました。ホテル1泊で中国料理が選ばれるのは非常にまれです。お二人ともに物腰が柔らかくとてもお優しい方で、食後には私たち料理人に向かって「ごちそうさまでした」とあいさつされました。お会いできただけでも名誉であり、食事を作ることができたことは料理人として誉れです。

また、今上天皇が皇太子時代にホテルキャッスルに宿泊された時のこと。食事をひと通り召し上がった後もまだ食べたりなさそうだということを聞き、急きょ「タンタンメン」を作ってお出ししたところ、宮内庁職員から怒られてしまいました。訳を聞くと、皇族は国民が出したものは何でも食べる慣習がある、そう教育されているから食べ過ぎに注意している、健康上良くないと言うのです。食事のメニューは事前に提出し、了承を得ています。その時はマネージャーが裏で「皇太子はまだお腹がすいてそう」というから、「じゃあ、タンタンメンをお出ししていいか聞いてくれる？」と指示すると、戻ってきて「うんいいよ、とおっしゃいました」という状況で、皇太子の許可を得て作ったのに怒られたのです。メニューにないものは絶対に出さないでくださいと念を押されました。

ホテル人生は面白い。いろいろなお客さまがいらっしゃいます。

こういう性格だから、会社や幹部とやり合うこともしばしば。納得いかないことがあって当時の社長を2人、いや3人かな、どやしつけたこともあります。私も若かったんでしょうね。

入社して10年目くらいのころ、年明け5日の幹部会議で北海道から来ている役員が

「正月2日にこういう問題があった。これはどういうことか」と担当者を叱責したことがありました。「ちょっと待て。あなたはその2日に出勤していたのか。自分は休んでいたんだろう。休んでいるのに人をけなすのはよせ。こんな会議はもう出ない」と言い放って、それから15年間会議には出席しませんでした。サービス業に失敗は付きもの。下から上がってきた報告に対して上がいちいち担当者を怒ったりするのはだめなのです。それに1年で最も忙しい正月に若手だけ出勤させて自分たちは休むなんて、本来は上が率先して働いて後ろ姿を見せるべきで、その上で言いたいこと言え、という気持ちでした。

正月は、家族の帰省に併わせて開かれる食事会や宴会が多く、地元のお客さまで予約がいっぱい。だから1年で1回しかお会いできないお得意さまの子どもたちにあいさつするために私はずっと店に出ています。三が日の桃花源は、家族が集う場所。その時に顔を合わせれば、来年帰省してきた時にまた来店していただけます。若かったとはいえ、会社では偏屈者で通っていたでしょうね。

翌年から、幹部たちは正月に休まなくなりました。

桃花源は正月5日間で1月の売上高の半分を売り上げるのでとても忙しい。私も先頭に立って働くし、みんなも出勤してくれます。ほかの部署で休みを取る人がいる中で頑張ってくれるので、私は毎年、全スタッフにお年玉を渡していました。全部で数十人いて総額30、40万円ぐらいかかっていました。

1989（平成元）年に就任した山下康博新社長に「会議だけは出てくれよ」と頼まれて、それから出席するようにしました。

6

広島東洋カープの衣笠祥雄選手が2131試合連続出場を果たし、世界記録を樹立した1987（昭和62）年のこと。熊本を中心に展開していたスーパーマーケットチェーン「ニコニコ堂」が中国の桂林市にホテル「ホリデイ・イン桂林」を開業するにあたり、熊本の地元経済界や関係者160人が現地で開かれるレセプションに招かれました。ホテルのレストランが四川料理だったことから、中国政府の要請で陳師父も招待され、私が同行することになりました。それまで陳師父が旅行する時は常に洋子ママか建一が一緒でしたので、他人と旅行するのはたぶん私が初めて。陳師父は妻子を残して中国を出ており、香港にも妻子がいて、洋子ママは3人目の妻です。陳師父が有名になったのは洋子ママの力が大きく、通訳も兼ねていました。

陳師父は羽田から飛行機で熊本に来て、私と合流してチャーター便に乗り換えて中国に向かいました。

出発前、機内でちょっとしたトラブルがありました。私のシートベルトが金具の不具合でうまく締まらないのです。陳師父と私であーでもないこーでもないとガチャガチャ試行錯誤しながら結局、しっかり締まらないまま離陸。しばらくして私がＣＡを呼んで説明しようとすると、それまで黙っていた陳師父が急に中国語で怒り出したのです。陳師父は日本語が不慣れで人前では口数が少ないのですが、日本から離れ中国に近づいたせいか中国人モードに切り替わったのでしょう。私もびっくりしましたが、ＣＡも驚いた顔をしていました。

桂林市に到着。宿泊したホテルでは同部屋で、私は24時間常に気を使わざるを得なくて精神的にとてもきつかった記憶があります。弟子の私たちは、陳師父の前では基本的に直立不動。陳師父は必要なことしか言わないから、どう対応していいのか分からないのです。洋子ママからは「何時になったらこの薬を飲ませて」と指示を受けていたから気が休まる時間はありませんでした。

チェックインした後、陳師父と私はレストランに食事に行きました。入店すると、「陳建民が来ている」と分かって調理場から料理人が十数人一斉に出てきました。日本で成功し、数多く店を出してテレビなどマスコミにも取り上げられる伝説の料理人として陳建民の名前は中国でも知れ渡っています。つまり、彼らにとっては憧れの料理人なのです。ほかのお客さまは注文を済ませているのに、待てど暮らせど料理が全然出てきません。それもそのはず、陳師父と私が座っているテーブルの前で料理長以下全員が並んで立っているのです。周囲の人も「陳さんってやはりすごい人なんだ」と実感したのではないでしょうか。翌日には桂林市の共産党幹部が次々にあいさつに訪れるなど、陳師父の偉大さを再認識しました。

桂林市はキンモクセイの木が多いことで有名。中国語で「桂花」と言われ、桂林の名前の由来になっているほど愛されています。市の花とされており、花が咲くころは街じゅうがキンモクセイの香りに包まれます。キンモクセイを使った食品では桂花茶や桂花酒などが知られていますが、昔は「桂花醤《クイファージャン》」というジャムがあり、あんまんの中に入れるなどしていました。加えると香りが良くなる。私たちが若手の頃までは日常的に使っていましたが、日本には輸入されなくなっていました。

滞在中、陳師父が「桂花醤を探しに行くぞ」と言い出したのですが、同じくレセプションに呼ばれていた熊本に留学経験のある若者たちが気を利かせて翌日、買って持ってきてくれました。ところが、それはキャンディーの「桂花糖《クイファータン》」でした。桂林でもどうやら桂花醤は珍しいものになっていて、世代が違うからみんな知らないのです。すると陳師父が「これじゃないよ」と怒り始めました。

「もういい。自分で絶対探す」と言うことを聞かない。そこで現地のガイドが車を出してくれて、桂花醤を探しに行くことになりました。しかし、地元の商店やスーパーを4、5軒回ってもありません。諦めて車を返却し、散歩の途中で立ち寄った1軒の古い店でついに発見。店員が「あります」と言って店の奥からほこりをかぶった大きな箱を出してきてくれました。それが瓶40、50本入りで、持つと手がちぎれるほど重い。値段は1箱でわずか450円程度。それを聞いた陳師父はさすが料理人、こう言いました。「全部買う」。桂花醤を見つけて持ち帰る時の親父の誇らしげな顔は忘れられません。

結局、桂林まで行ったのに観光もしないで、やったのは桂花醤探しだけ。中国からの帰国便では空港の税関で「これはなんだ」と怪しまれ、熊本空港でも同じことを聞かれながらも、陳師父は全部東京に持って帰りました。

その旅を機に、陳師父との関係性がより深まったような気がします。

陳師父は1990（平成2）年、70歳で逝去。最期に私に言った言葉は、「建一を頼むね」でした。息子の建一はまだ30歳を過ぎたばかり、彼の将来を私に託してくれたのでしょう。

私の料理人の人生の中で、陳師父に出会えたことが最高の幸せでした。

陳建一（左）が料理人デビューした時の記念写真。中央は陳建民師父、右が私＝40歳ごろ、熊本ホテルキャッスル

こちらは建一の息子の陳建太郎（左）の料理人デビュー時＝60歳ごろ、熊本ホテルキャッスル

ニコニコ堂のホテル開業のレセプションに招待され、中国を旅した時の１コマ。左から２人目が陳建民師父、一番右が私、他はニコニコ堂関係者＝1987年、中国

陳建民師父を偲ぶ会。着席しているのが黄昌泉師父で、女性は左から陳師父の子女、黄師父の奥さま、洋子ママ、黄師父の子女。前列男性は左から蔣兆鳳師父、原田治さん、私＝1990年、東京

7

ある日、テレビの番組プロデューサーと名乗る人から電話があり、建一が「料理の鉄人」という番組で鉄人として出演することを聞きました。

「料理の鉄人という番組が始まります。実は陳建一さんが中華の鉄人になります」

料理の鉄人は1993（平成5）年10月からフジテレビ系列で日曜夜に放送された料理対決番組です（翌年4月から金曜夜に移行）。司会は俳優の鹿賀丈史さんが務め、初期の鉄人は3人で、和の鉄人は道場六三郎さん、フレンチの鉄人は石鍋裕さんでした。

「陳さんってどんな人ですか。どの料理人に聞いても陳さんのことを話してくれないんです」

建一は、陳師父が他界した後、30代半ばで十何店舗もある会社を継ぎました。グループ店の料理長は全部大先輩ばかりで、徒弟制度もあってみんなあまり語りたがらなかったのでしょう。

陳師父の死後、四川飯店の経営は傾き始めました。建一が継いだ後は、「2代目になって味が変わった」「おいしくなくなった」というお客さまがほとんど。先代や料理長が変わると、実際は味が同じだとしても「味が変わった」と言われるのが常で、みんな先代の味を求めてくるのです。しかし、その料理を作っているのは息子ではなく兄弟子たちで、兄弟子は全国に数十人、赤坂本店だけでも4、5人はいたでしょう。建一はまだ料理を作らせてもらえませんでした。メインシェフとして腕を振るっているわけでもないのに、お客さまはそうは思わないのです。

番組内で建一が中華の鉄人として出演する際の、自身を紹介するナレーション原稿の基は私が考えました。陳師父が他界した後で、建一は四川飯店の社長に就任したばかり。周囲は兄弟子がほとんどで、建一の人となりを話せる人が誰もおらず、フジテレビ系列の制作会社「日本テレワーク」の担当プロデューサーが困った末に、私に「陳建一とはどんな人物か」と問い合わせをしてきたのです。「子どものころは調理場を遊び場に～」というフレーズは、私が話した言葉から引用されています。

「料理の鉄人」は、当初から陰でサポートをしていました。私は、建一を育てようと一生懸命だったのです。番組が始まった時、建一は33歳。鉄人の中では最も若く、経験値が足りません。特に彼は陳師父の店から外に出ていないため、ほかの店のことを見る機会がなく、四川飯店の料理しか知りません。にわか仕込みで教えられているから幅がない。兄弟子たちから見れば建一はど素人。私たちは陳師父の弟子として建一を育てなければいけません。洋子ママは、最初から番組への出演に反対でした。店が代替わりして「おいしくなくなった」「味が落ちた」と言われていて、対決に負けたら評判も下がります。

料理番組を作るにあたっては制作側も不慣れだから、よくアドバイスを求められました。この食材を使って中国料理を作るにはどんな調理器具を準備したらいいのか、そういう初歩的なところからスタートしました。建一の初対決のテーマ食材は「フグ」でした。

初回の収録後、福岡県北九州市で開かれた小倉四川飯店のオープンレセプションで建一と顔を合わせました。彼が出演した回がまだ放送される前です。

「収録終わった?」

「はい終わりました」

「食材はフグだっただろう」

「どうして知ってるんですか」

私が番組にアドバイスをしていたことを、建一は全く知らなかったのです。「なぜ教えてくれなかったんですか」。初対決は建一が勝利。彼は、経験を積むほどにどんどん成長していきました。

番組の放送開始から約2年間、出演前は必ず建一から電話で「次回の食材は○○○だと思うから、1品考えてもらえませんか」と相談があり、桃花源のレシピを教えたりしていました。そうやって料理を一つ一つ身に付けていく。彼は四川飯店の社長でもあるから、社員でかつ自分の兄弟子たちには相談しにくかったのでしょう。逆に、私は離れているから聞きやすい。番組初期はそういう時代がありました。

建一が番組の中で女性挑戦者に連敗した時がありました。その後、「鉄人を辞める」と言い出し、洋子ママが「辞めさせてほしい」とテレビ局に申し入れたという話を聞いて、私は東京に出向きました。建一と洋子ママ、そして建一の姉の3人を集め、「辞めるのはだめだ。マスコミで名前が売れたら絶対に成功する。鉄人として番組に出演しているのは同門の誇り。陳師父の晩年に比べて売り上げも上がってきているし、そのうち味も評判になる。大丈夫だから」と説き伏せ、辞めさせませんでした。

その後、番組を盛り上げるために「師弟対決をしたい」という依頼が来ました。

「だったら中国人の兄弟子と対決させるといい」

私はそうアドバイスをしました。私の兄貴分で杜栄《トウエイ》さんと、代元三《ダイゲンゾウ》という広島の四川飯店でチーフを務めている弟弟子を推薦。2人とも、建一から見れば兄弟子です。放送日は1994（平成6）年9月30日。ところが、収録日が近くなってきたら杜さんが「北京に行く」と言って逃げちゃった。代も尻込みしていたのですが、私が説き伏せました。

「代ちゃん、いいか。おまえは四川飯店の副社長、建一は社長。副社長が勝っても社長が勝っても会社としてはどっちでもいいじゃないか」

私に言わせれば、商売上、どっちが勝とうと構わないのです。その年の10月にはアジア競技大会が広島市で開かれることもあり、「広島を盛り上げられるし、四川飯店のためにもなる。これはチャンスだよ。番組に出演した店はどこもお客さんが増えている」と言って説得し、彼も「分かりました」と答えて、代の挑戦が決まりました。

ところが、収録日直前になって代が断ってきました。番組は撮りだめがなく自転車操業的に収録していたため、収録日から放送日まで1週間ぐらいしかありません。

番組プロデューサーから電話があり、「挑戦者が誰もいなくなっちゃった。ごめん、斉藤さん、出てくれないかな？　陳さんも斉藤さんならやりたいと話している」と泣きを入れてきたのです。建一からも「頼みます」と連絡がありました。

私は当時、日本中国料理協会の副会長を務めていて、協会ではバラエティー番組への出演を禁じていました。立場上、出演するのは…と悩んだ末、ホテルキャッスルの当時の社長に相談したところ「出てやれば」と軽く言われてしまいました。

そういう成り行きから急遽、出演を承諾。ただし番組に条件を提示しました。

「11月に農水省主催で食のイベントが熊本で開かれ、鉄人3人を呼ぶことになっている。その時に鉄人の衣装を貸し出してほしい」

それまで、赤・青・黄色の衣装は門外不出だったのですが、番組はその条件を飲みました。

「でも収録日が秋の連休中だから東京行きの飛行機のチケットが取れないよ」

「大丈夫です。当日は長崎に向かってください。長崎発羽田便の席を確保していますからそれに乗ってください」

なんと番組側は、私が了承する前から飛行機の手配を済ませていたのです。さすがに「このやろう」と思いましたが、運良く熊本空港発の便が取れて、熊本から東京に向かいました。

そして収録会場「キッチンスタジオ」で建一と対決。番組のテーマは「兄弟子超え」です。扱う食材は「芝エビ」。食材がエビだということは、陳師父が得意にしていた食材だったから私も建一も予想がついていました。その中で私は、陳師父譲りのケチャップを使わない昔ながらの「エビチリ」を調理。建一は現在のエビチリで、最後に卵を入れる。これは「親父の思い出だから」ということで、二人で申し合わせていました。昔のエビチリは、スープではなく水を使っていましたが、私は芝エビを大量にボイルしたゆで汁を使ってタレを作りました。そのエビチリはその後、桃花源のヒット料理になりました。

勝負の結果は、建一の勝利。番組では、私が負けても傷つかないようエピソードやストーリーを交えてうまく扱ってくれていました。スタジオのＶＩＰ席では洋子ママが初めて観覧していましたが、「兄弟対決なんて見てられない」と言って途中で帰っちゃった。

翌朝は阿蘇で接待ゴルフの予定で、お得意さま相手だから絶対に外せません。収録が押して熊本行きの最終便に間に合わなくなったため、伊丹空港行きの便で一旦大阪に飛び、系列のホテルに頼み込んで1泊。翌朝の早朝便で熊本に戻りました。ゴルフバッグと着替えは、妻にゴルフ場まで届けてもらいました。勝負に負けてショックで、ただでさえ落ち込んでいるのに強行軍でほとほと疲れました。

でも、私は番組に出てよかった。その後の桃花源は売り上げが急増。日本全国からお客さまに来ていただいて1週間ぐらいパンク状態でした。

11月の食の祭典では、フジテレビ系列のTKU東京支社の幹部が〝人間宅急便〟として鉄人の衣装を東京から熊本まで持参し、イベント終了後に持ち帰るという厳重警戒ぶりでした。

また、ホテルキャッスルで「料理の鉄人ディナーショー」を開く機会があり、私がチケットを5万円にしようと提案したら、社長や幹部から「全盛期の松田聖子が3万7000円なのに、それより高くするなんて無理だろう」と反発を受けました。私が「いやいや売れるから大丈夫」と押し切って販売したところ、400枚が3日で売り切れたのです。司会は小山薫堂さんと楠田枝里子さんで、とても豪華なディナーショーになりました。われながらよく5万円で値付けしたなと感心してしまいます。

それまでも番組には関わりを持っていましたが、出演後しばらくは中華の挑戦者はリストの中から私が推薦していました。中国料理協会の会員からも挑戦者が出始め、建一の重要な対決の時には、私は立会人としてVIP席に座るようになりました。

番組の収録で印象的だったのは1996（平成8）年の北京ロケ。料理の鉄人は中国でも放送されていて人気の番組でした。紫禁城の宮殿にキッチンスタジアムのセットを組み、北京、上海、広東、四川の料理人4人による中国四大料理対決を開催。観客は約1000人で、そのうち200人ほどが日本からの留学生でした。審査員は、世界的に有名な女優のコン・リーや映画プロデューサーなど錚々たる顔ぶれです。トーナメントを勝ち残った北京料理の料理人が決勝で陳建一と戦って、結果は建一の勝利。親父の母国での戦いに勝ち、建一も立会人として臨席した私も涙しました。番組のエンディングでは私が泣くシーンばかり使われていて、何やら私が主役みたいな扱いにされていました。

放送はされていませんが、実は勝利した直後、会場からブーイングが上がり次々と物が投げ込まれて騒然とした雰囲気になったのです。一部の観客が居残ったため、私たちを含め日本人スタッフは2時間ほど建物から出ることができませんでした。

翌日、中国の空港で番組プロデューサーらがいろいろと難癖を付けられて拘束されてしまいました。噂によると慰謝料を払って解放されたそうです。

番組が長く続いた一因には、審査員にプロじゃない人が多かったからというのがあると思います。服部幸應さん（料理評論家、服部栄養専門学校理事長・校長）のような専門家が審査して厳しいことを言ったら、料理人は出づらくなっていたでしょう。私も何度かスタジオで収録を見たことがありますが、審査員が「これはお酢が効いてますね」と言ったりして、実際には酢なんか1滴も入ってなかったことだってありました。逆にそういうのが良かったのかもしれません。

料理の鉄人という番組の大きな功績は、料理人の地位や価値を上げてくれたこと。番組が全盛期のころ、小学生の将来なりたい職業ランキングで「料理人」が一番になったことがあるくらい影響力が大きかったですね。

番組をきっかけに四川飯店は持ち直し、一躍大人気店になりました。番組を通して代替わりしなかった鉄人は中華だけ。実はあと1回、建一が「辞めたい」と言ってきたのですが、この時も私が説得して続けさせました。鉄人の年収は、出演前に比べ、ピーク時は10倍に跳ね上がったと言われています。講演やイベントに引っ張りだこで、私もいろいろなところから「鉄人をディナーショーに呼びたいんだけど」とよく相談を受けていました。

料理の研究会とゴルフコンペを開く好朋友会《ハオポンユウカイ》は、元々は建一を育てるために彼が28歳の時に、東京と大阪、九州の料理人を集めて結成したもの。建一はゴルフがとても好きで、「ゴルフをするから」と声をかけると必ず参加するので、料理の研究会とゴルフをセットにしました。好朋友会は最初14人でスタートしましたが、次第に参加人数が増え、北海道から沖縄まで有名料理人をはじめ、哀川翔さん、田中健さん、杉本真人さん、柴俊夫さんといった芸能人も加わり、コロナ禍前には120人が集まる大きなイベントになりました。みんなも楽しみにしてくれているようで、こうした人の輪がだんだん広がっていくのはうれしいですね。

「料理の鉄人」イベントにて。右から鉄人の陳建一、道場六三郎さん、坂井宏行さん、私＝熊本ホテルキャッスル

料理の鉄人の北京ロケの合間に、中国人女優のコン・リーと記念撮影＝1996年、中国北京市

料理の鉄人の北京ロケ現場にて。左から、放送作家で脚本家の小山薫堂さん、元フジテレビアナウンサーの阿部知代さん、私＝1996年、中国北京市

料理の鉄人の北京ロケで記念撮影。前列左から鉄人の中村孝明さん、陳建一、坂井宏行さん、私＝1996年、中国北京市

8

ホテルキャッスルの親会社である三井観光開発が経営する「三井アーバンホテル」というホテルが銀座にありました。2階にある朝食会場とビアホールがうまくいかず、空きスペースとなってしまったため、桃花源に「テナントとして借りてくれないか」と話が来ました。得意先の本田技研さんの本社が青山にあり「東京に出店したら、贔屓にするよ」と言ってくれたのもあって、出店を決めました。

ビル本体には手を付けてはいけないという条件だったため、居抜きに近い形で入居。店は100坪程度で、天井は2階建ての吹き抜けのような高さです。あんなに天井が高い中国料理レストランは日本国中探してもなかったでしょう。店には風水を取り入れて、有名な中国の画家で江源の絵を飾りました。

1996（平成8）年、「熊本 銀座桃花源」がオープンしました。

そんなに儲けなくてもいいから、ホテルキャッスルの情報を東京で発信することが出店の目的の一つでした。銀座桃花源オープンの時に料理長として店を任せたのが川上洋信で、東京で10年働きました。

熊本本店と銀座店は同じメニューでしたが、料金は銀座店の方が10％ほど高めに設定。とはいえ銀座の相場と比べると安価でした。ホールスタッフは熊本からビジュアルの良さそうな人材を選んで連れていって、調理場には東京の弟子たちが入りました。熊本のスタッフも銀座で働くことは貴重な経験になったでしょう。良い男ぞろいだから「店がダメだった時には、ホストクラブでもやればいいじゃん」と冗談を言ったのを覚えています。

オープンは一躍、脚光を浴びました。店内にはお祝いの花が約100本並んでいて、贈り主には王貞治さんや長島茂雄さん、西郷輝彦さん、中野浩一さんなど錚々たる名前が書かれています。それを見てホテルの利用客もみんな驚いていました。レセプションは各分野から70人ずつ招待して、1週間連続で開催。招待客のお土産は中華鍋で、ホテルキャッスルの茶色い紙袋に入れてお渡ししたので、帰りは皆さんがホテルキャッスルのロゴが描かれた大きな袋を持って銀座を歩いてくれました。良い宣伝です。近隣の人も、「どんな店がオープンしたんだろう」と関心を持ってくれたと思います。

オープン初日のこと。ランチタイムを終えて一旦クローズしたころ、見るからに怖そうな男性が3、4人わらわらと入ってきました。

そこで私が応対し、「よろしくお願いします」と名刺を差し出すと、それを見た相手が「うそっ」と大きな声を上げました。

「よく知っていますよ。斉藤さん？」

聞くと彼は熊本出身で、幹事長を務めていると言います。

「何かあったらうちに言ってください。頑張ってくださいね」

それ以降、彼以外怖そうな人は一人も来ませんでした。

銀座に店を出したことで、いろいろな人と出会うようになりました。政治家から経済界のトップ、中国大使、芸能人まで幅広い分野の人が来店。普通なら知り合えない人ばかりで、ほかにはマスコミ関係も多かったですね。特に熊本日日新聞社東京支社の女性社員が全国の新聞社との打ち合わせや会合で店を使ってくれて、さらに輪が広がっていきました。銀座には新聞社やテレビ局の支社が多く集まっていて、取材でも取り上げてくれました。

大分合同新聞の長野健社長（当時）は、出張のたびに1人で食事に来られるほど贔屓にしてくれていました。ホンダ技研本社の方々も、毎晩のように利用していただきました。鳴戸部屋の鳴戸親方（元隆の里、第59代横綱）が大の中国料理好きで、しょっちゅう来店されていました。実は鳴戸部屋のちゃんこ鍋は桃花源の味で、中国の鍋の作り方を私が教えました。

フロアを見ると、「あれ？　テレビで見たことある人がいる」ということもしばしば。三輪明宏さんも常連でした。細木数子さんもよく利用していただいていました。

銀座店は、残念ながらのちのコロナ禍で大きな赤字を出してしまいました。私が相談役に退いたこともあって、２０２１（令和３）年春に閉店。閉店する際に、大手おもちゃ販売会社の博品館から店を譲ってほしいと相談がありました。コロナ禍で持ちビルに空きテナントが発生しており、そこを埋めたいという意向だったので、料理人の雇用継続を条件に「桃花源」という店名と備品一式を譲渡。現在も、銀座博品館ビルで営業を続けており、繁盛しているようです。

9

実は私は1994（平成6）年にホテルキャッスルを退職しています。テレビに出たり、本を出したりしていて、個人でギャランティーがあったんですが、「どうしてあいつは社員なのにギャラをもらっているんだ」と職場で噂されたりするから煙たくてしょうがない。自分が思い切って行動できない、やりたい仕事ができないから退職してフリーになりました。事実、退職金をもらっています。桃花源の料理長は続けていたので、辞めたことを知らなかった社員は多かったでしょう。私は辞めているつもりでしたが、会社は私に理事という肩書きを付けて籍を残していました。

1996（平成8）年、それまで8年間社長を務めた山下康博さんが他界。ホテルキャッスルがリニューアルした後の社長はいずれも筆頭株主の三井観光開発から来ていましたが、次の社長をどうするかでかなり揉めたようで、三井観光の萩原次郎会長から直々に話があり、「今の役員の中から誰か社長にしたいが誰がいいと思うか」と尋ねられました。当時の役員は三井観光からの天下りで4年すれば帰っていく人たちばかりで、その中に適任者は誰もいません。熊本の事情を話し、札幌から仕事をできる人を呼んだ方が良いと進言して、社長に就任したのが藤岡雅彦さんでした。藤岡さんは札幌グランドホテルのナンバー2だった人です。

藤岡さんが社長に就任するにあたり、萩原会長と副会長、藤岡さん、私の4人で話し合いの場が設けられ、席上で萩原会長から「取締役になってほしい」と持ちかけられました。「嫌です」。理由を問われ、私はその時「私は天下りと一緒に仕事したくない」とはっきり言ってしまったのです。

これには理由がありました。1000人規模のパーティーが入っていたある日、札幌から来ている役員ら4人が夕方から麻雀に行っていたのです。こんな大変な日にみんなで頑張ろうとしているさなか、天下りの連中は外で遊んでいる。「こっちはここで命を張ってるんだ。そんな腰掛け勘定で来ている役員連中とは一緒の席には座りたくない、嫌です。私は取締役にはなりません」と答えました。

実はそのころ、福岡市博多区で大きな飲食店の出店計画が立ち上がっていて、自分でも店を経営してみたくて、どうしようかと悩んでいた時期だったのです。

1週間後、また萩原会長と副会長が熊本にやって来て、「やはり取締役になってほしい」と再度説得されました。

「できないって先日お伝えしたじゃないですか」

「今の役員は全員外すから」

こう言うのです。なんと、当時いた役員たちはいずれも退職したり、グループ企業に転勤したりすることになったのです。

「これだったら、おまえ受けるだろ」

私は何も言えず、引き受けざるを得ませんでした。そして役員会議にかける際に、萩原会長は私の役職を平の取締役ではなく「常務取締役」として発表してしまったのです。私も驚きましたが、社外役員たちもびっくりしたでしょうね。

ところがそれから2年もしないうちに藤岡さんが本社の常務に就任して、兼務することになりました。三井観光はこのころ経営が悪化しており、いわば敗戦処理役です。普段は不在で、熊本には何かある時にしか帰ってこなくなりました。藤岡さんは三井観光の最後の社長になりました。

私の還暦祝いの席で、親族一同との記念写真。前列の和服姿が母。最後列右から次兄、長女、妻、次男、長男＝熊本ホテルキャッスル

同じく還暦祝いでの1コマ。左から元熊本市長の三角保之さん、俳優の西郷輝彦さん、私。三角さんが冗談で、還暦祝いの赤い帽子をかぶっている＝熊本ホテルキャッスル

第3章

白衣の代表

1

家庭用ゲーム機「プレイステーション２」が発売された２０００（平成12）年のある日、私は三井観光開発の萩原会長から東京に呼ばれました。「うちはもう倒産する。ホテルキャッスルは独自で生きなさい。おまえのカラーに変えてもいいから社長になってくれないか」と話がありました。しかし私は、その話を断りました。当時、熊本市中央区上通に「ホテル日航熊本」が建設中で、永野光哉社長（元熊本日日新聞社社長・会長）には個人的にかわいがってもらっていて、永野社長の子どもたちとも仲が良かったから、楯突く形にはなりたくなかったのです。絶対にしない、と答えました。

そこで三井観光は熊本に残った監査役を社長に据えようとしましたが、熊本の県民性を考え、親会社が熊本を大切に見ているという意味を含め「藤岡さんの上司にあたる人に社長をやってほしい」とお願いしました。そこで、「札幌グランドホテル」の総支配人で、藤岡さんの上司を務めていた出戸義麿さんが社長として来てくれることになりました。

出戸さんを社長にというのは私が指名させてもらったのですが、出戸さんを社長にする条件が「私が3年後に社長になること」だったのです。

3年後、私はホテルキャッスルの9代目の社長に就任することが内定しました。60歳でした。出戸さんは自分の任期が3年だったことは知らなかったようで、私から言うわけにもいかずに気まずい思いをしました。打診があった時は3年後と言っていたけど、口約束だったし、そういう器でもないし、本当は社長になる気はありませんでした。私は中国人気質だから、役職じゃなくてお金なんです。自由に動けて稼げるほうがいいのです。

私は、タレントで司会者のみのもんたさんと仲が良かった。みのさんは「銀座桃花源」にも来てくれていて、一緒に飲んだりもしていました。ホテルキャッスルの役員会で社長就任が決まった後、何かの機会にみのさんに「今度社長になるんだよ」とぽろっとしゃべっちゃったのがいけませんでした。

当時みのさんは「午後は○○おもいッきりテレビ」という生番組で司会を務めていました。6月1日の番組オープニングで、八代市からスタジオ観覧に来た人たちがいたらしく、みのさんが話しかけたのです。

「どこから来たの？」

「熊本の八代」

「熊本ホテルキャッスルって知ってる？」

「知ってます」

「中国料理の斉藤料理長知ってる？」

「知ってる」

「あの人ね、社長になるんだって」

そう冗談っぽく言ったのです。「くじ引きで当たったんだって」と、話を締めて番組がスタートしました。

私はちょうどそのころ、阿蘇でゴルフをしていて、その最中に日本全国から携帯に電話がかかってきたのでびっくりしました。株主総会が後日開かれる予定で、そこで認められて初めて社長に就任できるのに、その前に情報が広まってしまいました。

ホテル業界では当時、「料理人には社長は務まらない」というのが常識とされてきました。高校を中退した料理人がホテルの社長になるなんて、そんなことは全国初。過去一度もありませんでした。一流大学を卒業してボーイを務め、それから上がっていって支配人や社長になるパターンがほとんどです。ホテル業界は、以前は立教派閥が幅を利かせていて、経営者や支配人クラスのおよそ半分は立教大卒が占め、それに慶應大卒、銀行などの金融関係が続きます。私の社長就任のニュースは、全国のホテル関係者にとって衝撃だったでしょう。「料理人が社長になるなんてホテルキャッスルは大丈夫?」なんて噂が飛び交ったくらいです。

こうなったら、〝白衣の代表〟として社長を務めようと考えました。背広を着ている人たちよりも立派に経営できるところを見せてやろうとじゃないか、と。それに、そうできる自信もありました。中国料理店では、料理長は売り上げを上げて報酬もその分要求するという経営学が身に付いています。机上の空論ではなく、実践的なそろばん勘定ができるのです。だから私は白衣の代表として、料理人でも経営できるんだということを示そうと思って社長就任を決意しました。それ以外は何もありません。

自分は本来、料理人だけをやっていたほうが楽なのです。威張っていられるし、社長になるとみんなに気を使わなくてはいけないし、言葉は悪いですが中には箸にも棒にもかからない人間もいます。調理場は箸や棒にかかる者、自分が気に入っている者しかいないのです。社長になると多部門の人材を使っていかなくてはならないという苦労があります。

社長就任後の所信表明では、経営改革に取り組むにあたり、社員に対しては相当厳しいことを言いました。

「これから大改革をするから、嫌な人は辞めてもいい」

私と一緒に行ける人は来てくれ、同じ方向に舟を漕ごう、反対の方向に進みたい人は辞めていい、と話しました。

私なりにさまざまな改革に取り組みました。中国料理の料理人風の改革で、できるだけ無駄を省きました。

ホテルの業務は深夜まで及ぶ時があり、バスが利用できなくなるため、部長以上の役職者はタクシー券を持っていました。中には業務以外でも使っている人がいましたが、ずっと見て見ぬふりをしていました。私はタクシー券を一度も利用したことがありません。当時は11階のバーが深夜2時まで営業していて、料理長が毎日2800円かけてタクシーで帰るのです。売り上げは1万円しかないのにタクシー代を使うなんて無駄な経費です。タクシー代は月に70、80万円。私は町場の中国料理店出身で、町場的な発想をします。「自転車で通える人が残ればいい、どうして家が遠い人が残るんだ、もっと近い人が深夜営業のシフトに入ればいいじゃないか」というのが私の考えです。

駐車場代にしても、営業マンが外回り時に駐車場を利用していたのですが、安いところを探してまとめて契約。新聞は各部署でとっていましたが、部数を減らしました。そういう取り組みを実行したことで、経費を年間2000万円削減しました。

洋食については原価管理がいい加減でしたので、これも見直しました。結婚式の披露宴のお土産としてお菓子やワインを来賓に渡したりするのですが、お土産の原価を調理場ではなくてベーカリーに含めていたのです。だから調理場の原価率が適正に見える半面、ベーカリーの原価率は7割まで跳ね上がる。こういうことをやって「評判だった」『結婚式の申し込みが増えた』と言っても意味がありません。だからこれもカットさせました。

厳しいことですが、不要な人材には辞めてもらいました。調理場は昔から〝聖域〟と言われていて口出しできず、そこに手を入れれば大きく変えることができます。こういう改革は私が料理人だから可能なのでしょう。ほかのホテルの経営者と話す機会がある時などには、「料理人を取締役に入れるといい。調理場を見直せば改革できる」

とアドバイスしています。

原価や人件費を見直した結果、全体で年間7000万円の経費を削減することができました。

親会社が大きかったせいか以前、役員は土・日曜、年末年始に休んでいましたが、週末は一切休みなしにしました。売り上げが上がる時、忙しい時にみんな一緒に働こう、というのが私の考え。暇な平日に休めばいいのです。

これは常務時代の話ですが、近くにホテル日航熊本が建つことを受け、アルバイトを全員解雇しました。売り上げは下がるけど、社員だけでやればなんとかなる。1年間は苦しい、でも頑張ればお客さまはまた帰ってくる、と言って社員一丸となって取り組んだ結果、危機を乗り越えることができました。しかし、熊本市内のほかの大手ホテルは経営に行き詰まってしまいました。

客室のスタッフは24時間体制を敷いています。勤務時間は8時間で3交代制だから残業することはなく、自分が休むためにバイトを雇うような状況でした。私の経営感覚からすると杜撰なんです。ホテルは部署が30近くあってよそからは口出ししづらいかもしれませんが、「それはおかしい、ほかはバタバタしているのに売り上げの悪い客室がなぜ残業しないんだ」と言って必要に応じて残業させるようにしました。総売上高に対する客室部門の売上比率は当時15％程度で、飲食部門と比べて低いのです。

「これからはみんなで仕事しよう」「一つの部署だけが苦しまないようにしよう」といって導入したのが、「ARS」（All Round Staff）というシステムで、社員全員で多忙な部署をカバーする体制を構築しました。簡単に言うと、宴会が忙しいピーク時に、営業、総務関係なく手伝いに入るのです。男性には黒服を持たせ、女性は宴会場も経理も同じ制服にしました。だから、着替える手間や時間を掛けずにすぐ手伝いに入ることができます。それまでは「おまえたちは暇でいいね」なんて言い合ったりして部署間でギスギスしていましたが、忙しい宴会部門をみんなで手伝うと連帯感が生まれてくる。片付けも一気に終わります。

料理については、宴会や結婚式の料理予算が1万円だとすると、和洋中の中で料理人の数が多い順に洋食が5割、中国料理が3割、和食が2割という配分でメニューを決めるようにしました。そうすることで、どの宴会でも暇な調理場が出なくて仕事量のバランスが取れるのです。予算1万円が全て洋食だと何もしない調理場が出てしまいます。食器も和洋中共通にしました。それぞれのジャンルだけでしか使えない皿や器をそろえても無駄が増えるだけ。これで食器の稼働率も上がりました。

中国料理はどんぶり勘定でもちゃんとやっていかないといけませんが、ホテルの経営はパソコンを使って数字がちゃんと出るし、それを見て実行すればいいので、自分にとってはこんな楽なことはありませんでした。私は単純だから、自分のやってきたことをみんなに教えただけ。タクシー券の使用禁止についても、私がしなかったことを他人にさせなかっただけなのです。

ホテルの改革は、口うるさいところを押さえれば可能だと考えています。ホテルの肝は良くも悪くも調理場。調理場の働きが向上すれば、フロントの改革は簡単です。売り上げを見ても人員配置を見ても飲食部門のほうが上なんですから、フロントスタッフには、フロント、飲食区別なく協力し合うことが大切だと伝えました。

そのころのキャッチコピーは、「さらに美味しいホテルを目指します」。これは料理人の私にしかできない表現で、料理もサービスも含めて上を目指そうと考えました。さまざまな改革に取り組んだ結果、〝みんなで働くホテル〟になったのです。

ホテルキャッスルなんて田舎のホテルです。田舎は田舎なりに地元を大切にしなくてはいけません。その取り組みの一つが、地産地消。それまではお客さまの要望もあって他県の焼酎や日本酒をいろいろと置いていたのですが、私は社長になってから酒類は全て県産に変えました。お客さまから他県産の飲み物を注文された時の返答例を紙に書いて、宴会場やレストランのバックヤードに貼り出しました。

「私どもは熊本城の近くで観光事業に携わっています。地産地消に取り組んでいますので、その土地に来たらその土地のお飲み物をお楽しみください」

例文の後に、「それでも何か言ってきたら、俺に言え」と書き足していました。以降、焼酎の注文を受ける時は「米」「麦」「芋」のいずれかで注文してもらって、それぞれの県産銘柄をお出しするようにしました。熊本は米焼酎が充実している半面、芋焼酎は当時「倉岳」（房の露）だけだったと思いますが、それを提供するようにしました。

舵取りを大きく変えたことで、社内の雰囲気も変わっていったと思います。

大手の帝国ホテルやホテルオークラを見習わず、町場の居酒屋を見習おう。居酒屋は雨が降ったらお客さまが来ない、そういう時は掃除をしたりする。その日その日を生きよう。あなたたちより町場のホテステスさんの方が数段上。お客さまが来なかったら、常連に電話して来てくださいと言うでしょ、そういうのをマネしよう。マネージャーは、最近来ないお客さまに対して「元気ですか」と電話するぐらいの行動力があってもいいじゃないか。ホテル業なんて水商売の最たるものだから。キャバレーのホステスもボーイも変わらない。そう伝えました。とは言っても、最初はやってくれるのですが、なかなか続かない。だからずっと言い続けなくてはいけません。

私はよくバックヤードに貼り紙をしていました。従業員用トイレに落書きがあれば、「筆跡鑑定をして犯人を探す」。そうすると落書きはぴたっとなくなる。廊下の壁を蹴って足の形に開いた穴には、「いらいらしたら家に帰って家の壁を蹴ろ」。そういう貼り紙をあちらこちらにしました。今はもう全部剝がされたけど。

労働基準局が総務課に来て「働かせ過ぎ」と厳しく言われたりもしました。その時は総務課長に「だったら労基に『じゃあ経営権を渡すから労基で経営してくれ。おまえたちが経営したら大損するぞ』と言え」とこう返答しました。随分乱暴な表現ですが、ホテルなんてブラック企業の最たるものなのです。辞めたい人間は辞めればいい。

一時、労働組合をつくろうとする動きがありましたが、「そんなことをするならぶっ潰す」という考えでした。組合をつくってまで生き残ろうなんて卑怯なのです。でも、こんな私に社員は付いてきてくれました。

ただ、総務課長からは「『辞めろ』だけはやめましょう」と言われました。

社長就任パーティーにも白衣を着て登壇した＝2003年、熊本ホテルキャッスル

潮谷義子元熊本県知事も就任パーティーに駆けつけてくれた＝2003年、熊本ホテルキャッスル

就任パーティーでは、ばってん荒川さんにもあいさつをしていただいた＝2003年、熊本ホテルキャッスル

元NHK アナウンサーで熊本県立劇場館長の鈴木健二さんが乾杯の音頭を務めてくださった＝2003年、熊本ホテルキャッスル

2

社長就任時、大きな懸案の一つが株でした。

ホテルキャッスルの持ち株比率は親会社の三井観光開発が52%で5億円、ほかが48%で4億6000万円でした。私は以前から、三井観光が株を手放す際には熊本の人に売ってほしいと頼んでいました。黒字経営だから、株を売り逃げしやすいのです。当時、三井観光が所有するホテルキャッスルの株はメインバンクのSMBC（三井住友銀行）の抵当に入っていたのですが、そのSMBCから2億円分なら株を売ってもいいという話が来ました。

その2億円分の株はすぐに売れました。すると次は、残り3億円分の株を全て売ってもいいと言われました。そこで親会社分の持ち株を少しだけ残すことにして、3億円分の株の大半を県内でセールスすることにしました。ホテルの営業マンと相談しながら県内の企業や経済人、有力者、常連客をピックアップして、私は料理人の制服である白衣を着て1件1件回ったのです。株は最低100万円から。私は株主になってくれとは言わず、「ファンクラブに入ってほしい」とお願いしました。ファンクラブのメリットは、「ホテル利用料10％オフ」です。よく利用する人や企業は、100万円ぐらいだったら1、2年で元が取れる。新規で170の人や企業に株を購入してもらい、最終的には株主は500人ほどに増えました。

ところが私は株を売り過ぎてしまい、途中で5億円を超えていることに気づきました。「しまった」。慌てて新規株主を再訪問して「すみません。株を100万円分返してください」とお願いして回りました。

結果、三井観光の持ち株は5・2％で5000万円に減り、ホテルキャッスルは名実共に熊本の会社になったのです。

社長時代の最大の恩人と言えば、肥後銀行の長野吉彰（元頭取・会長）さんです。長野さんとは、以前からお客さまと料理人という立場でかわいがってもらっていました。

社長就任時は筆頭株主で親会社の三井観光が倒産寸前で、メインバンクをはじめ金融機関が融資してくれない期間が十数年間続いていました。だからいつもキャッシュフローがありません。宿泊や飲食で売り上げが発生しても、口座振り込みやカード会社の決済で実際に入金されるのは2カ月後。売り上げはあるけどお金がない、という状態でした。

　就任のあいさつ回りで肥後銀行に出向き、小栗宏夫頭取（当時）と長野常任顧問（当時）とお会いしました。応接室に通され、「実は私、社長になります」とあいさつすると、「分かった」と一言おっしゃいました。「あなたが社長になるなら、肥後銀行が全面的にバックアップする」。そして融資する際には「保証人はいらない」、こう言ってくれたのです。銀行から融資を受ける際には連帯保証人が必要で、これまでは三井観光が連帯保証人になっていました。しかし、同社に連帯保証を頼むと保証料として融資金額の3％を支払わなくてはいけません。過去に多い時で年間7000万円ほど支払っていました。それが親会社と子会社のルール。ただ、そのころは親会社が連帯保証人になってもお金を貸してくれない金融機関が増えてきていました。

　私個人が連帯保証人になるという条件で、肥後銀行から融資を受けました。社長になって初めて書いた借用書の額面が4億円です。

　肥後銀行がそうした対応をしてくれたおかげで、ほかの金融機関も連帯保証人が不要になり、親会社に支払うはずだった保証料が年間3200万円も浮くことになりました。これは本当に大きかった。私は、長野さんの言葉に経営者として救われたのです。まさに恩人です。

ホテルキャッスルは、1988（昭和63）年からの累積赤字を解消するのに26年かかりました。赤字総額23億円のうちの14億円は、私の任期中に返済しました。ホテル日航熊本がオープンして売り上げは下がりましたが、利益率が上がったため、返済を続けることができました。これは社員みんなが頑張ってくれたおかげです。

2014（平成26）年、キャッスルの累積赤字がついに解消。同年の夏、会社の決算報告書を持って、長野さんが入院する杉村病院（熊本市）にあいさつに行きました。長野さんは闘病生活を送られていて、私が話す内容も理解していただいているか分かりませんでしたが、直接お礼を申し上げました。

「やっと黒字になりました。大変お世話になりました」

そう言うと、その時だけ目をかっと見開いて「うん」と答えられました。

長野さんは、2年後に永眠されました。

泰勝寺の花見の宴で細川護熙元総理大臣と＝熊本市

長くレギュラーを務めた番組「テレビタミン」の司会の本橋馨さん、村上美香さんと再会＝熊本市の城彩苑

3

2016（平成28）年4月14日21時26分、熊本地震の前震が発生。

その日は「KKT杯バンテリンレディスオープン」が開かれ、私はプロアマ戦に参加していました。夜、友人と熊本市の繁華街にある「ゆうじの店姫」という個性的なスナックでお酒を飲んでいたところ、異常な揺れに驚きました。道路に面して並んで立つ雑居ビルの8階にいましたが、ビル全体がうねるように揺れるのです。店内のお酒やグラスは大きな音を立てて床に落下しました。

「これは大変だ」

ホテルキャッスルは満室です。カナダ人観光客30数人、タイ人20数人など外国人も60人ほど宿泊していました。

すぐにホテルに戻ろうと店を出て、エレベーターは怖いから非常階段を使って地上に降りると、ビルに面している銀座通りの中央に人が大勢出ていました。建物の近くは物が落下する危険性があるため、みんな道路の真ん中に集まっているのです。群衆をかき分けてホテルに向かっていると、普段の飲み仲間や顔見知りにばたばたと会います。「こんばんは」「地震怖いね」なんて、あいさつもそこそこに飲み屋街を急ぎます。途中、ある雑居ビルの外壁がどどっと崩壊していました。

ホテルに戻ると、大きなパーティーは終わる直前でまだ多くの人が残っていたほか、宿泊客は浴衣姿で1階のロビーに降りてきていました。宿泊客以外を送り出した後、部屋に残っている宿泊客を全てロビーに誘導して無事を確認。建物の中や部屋には戻りたくないというカナダ人の宿泊客がいたため、玄関前の駐車場に宴会場からいすを持ってきて、5脚を横1列に並べ向かい合わせにして10脚を使って2人用の簡易ベッドを作りました。毛布や布団など寝具を集め、そこで仮眠してもらうことにしました。その夜は比較的暖かくて助かりました。タイ人宿泊客は、ホテル横の平地駐車場に集めた社用車の中で車中泊していただきました。日本人宿泊客には、2階宴会場のロビーに泊まってもらいました。

それからスタッフに頼んでおにぎりやパン、ドリンクなどを買い集め、深夜0時ぐらいから玄関前でちょっとしたバイキングを開催。停電していたため、非常用電源を使用。お湯はタンクに入っていたので、コーヒーメーカーを使ってコーヒーを提供しました。私たちは徹夜で一夜を明かしました。夜にホテルから見上げた、サーチライトに照らされた熊本城天守閣から舞い上がる白いもやのようなものがとても印象的でした。あれはおそらく瓦が落ちた時の土煙だったのでしょう。

翌朝、バスや電車など公共交通機関がまひしていたので、バス会社に連絡して急遽バスを手配し、お昼頃までに宿泊客をほとんど送り出しました。15日の営業は基本的に全て休止。交通手段がなく帰れない一部の宿泊客と、「自宅が被災して家の中にいるのが怖い」という近隣の方数人を受け入れました。

15日夕方、私は一旦帰宅。日付が変わって16日深夜1時25分、今度は本震が発生しました。前日は一睡もしておらず、2階の寝室のベッドで泥のように寝ていたら下から突き上げるような大きな揺れ。たんすが倒れてきましたが、ベッドの角に当たって斜めの状態で停止し、私には直接当たらず事なきを得ました。階下から妻と子どもの「降りてきて!」という大きな声がします。すぐ家族と一緒に家を出て、近所の小学校の校庭に一時避難しました。携帯電話でホテルに電話しても通じないため、急いで自分の車を出して駆けつけました。宿泊客とスタッフにけがはありませんでしたが、前震を上回る揺れでしたから怖い思いをしたことでしょう。

翌朝、明るくなってから被害状況を調べてみたところ、カフェの大型シャンデリアが落下していたほか、客室はタイルが落ち、窓やドアが開かなくなるなどの被害を確認。建物の外壁は亀裂が生じたりタイルが剥がれ落ちたりしていました。これには愕然としました。一方、桃花源や中・小宴会場がある地下はグラス一つ割れていませんでした。2階の宴会場も大きな被害はありませんでした。

熊本地震後は宿泊も宴会もなく、仕事ができないので、数日経った4月23日、社員たちに声掛けして避難所にボランティアに行くことにしました。何かできることをしよう、自分たちも被災したけど、震源地の益城町はもっと大変だから炊き出ししようじゃないか。料理人は和洋中合わせて何十人もいるし、食材もいっぱい余っています。

益城町などの避難所6カ所と株主の病院の敷地、南阿蘇村役場駐車場で炊き出ししました。各避難所では4、500食、南阿蘇では1200食を提供。南阿蘇は天気が良く、スタッフは料理人以外も全員白衣を着ていたので、なかなか壮観な眺めでした。晴天の下で料理を作るのは気持ち良いものです。そこには自衛隊の給水車が来ていて、隊員の皆さんに料理を渡そうとしたのですが、受け取ってくれません。頑なに断るのです。「隊員の皆さんには非常に感謝している。だから食べてほしい」と無理やり渡したら、渋々もらってくれました。ただ、人の目のあるところでは口にすることはありませんでした。

避難所を訪ねてみて、自衛隊員はもちろん、自身も被災しているであろう市町村職員、病院や介護施設の職員が一生懸命対応されている姿には頭が下がりました。人の温かさを再認識しました。

どこの避難所に行っても、ブルーシートや紙おむつ、水、インスタントラーメンといった支援物資がたくさん置いてあります。しかし、ガスがないためラーメンを食べることができません。そこで炊き出しの3日前に避難所に行って水とラーメンを預かってきて、ホテルで事前に調理。野菜や肉をたっぷり入れて大鍋でスープを作り、麺は一旦茹でておいて現地に行ってからスープに麺を入れて煮込みチャンポンみたいなものを皆さんに提供しました。それ以外にも炊き立てのごはんやメンチカツ、エビチリ、パスタなども作りました。避難所では温かい食べ物を口にする機会が少ないので、とても喜んでいただき、炊き出ししている私たちもうれしかったですね。社員も「やって良かった」と喜んでいました。人がおいしそうに食べている姿を見るのは料理人冥利に尽きます。

7回目は熊本市から頼まれて益城町の体育館で500食ほど炊き出しをしたのです

が、俳優の佐藤健さんが参加したものだから3000人ぐらい集まってしまいました。佐藤さんにも白衣を着てもらい弁当を渡す手伝いをしていただいたところ、白衣姿が結構さまになっています。

「あなたは白衣が似合うから、今度料理人のドラマか映画をやるといいよ」

そう話すと、周囲のスタッフが口々に小さい声で「やってます、やってます」と言う。彼が「天皇の料理番」（TBS・2015年版）というテレビドラマで主役を務めていたのを知らなかったのです。

熊本地震後、被災地や避難所を巡って炊き出しを実施した＝2016年

こちらも避難所での炊き出しの様子。社員みんなで汗を流した＝2016年

4

5月中旬から10日間ほどかけて、建設会社による耐震診断を実施。耐震診断を依頼したものの、建物の被害状況を見る限り、私自身は「もう駄目だろう」と廃業という選択肢も念頭にありました。営業できないし、マスコミには取り上げられるし、あちこちから電話がかかってくるし、面白くなくて食欲もないから毎日酒ばかりかっくらっていました。

5月10日の夜、公明党の太田昭宏国土交通大臣（当時）と城下広作県議会議員、そしてNHK職員がキャッスルを視察に訪れました。館内を案内した後、そのNHK職員から取材依頼がありました。

天皇皇后両陛下が5月19日に熊本地震の被災地を慰問されることに絡めて取材され、NHKの夜の全国ニュース番組で私のインタビューが放送されました。天皇皇后両陛下の慰問について感想を問われて「県民は非常に喜ぶと思います」と答えた後、「天皇陛下のために造られたホテルですが、今後どう立て直されますか」と尋ねられ、こう答えました。

「分かりません。もしかしたら廃業するかもしれません」

放送後はものすごい反響で、全国からホテルに励ましの電話やメールが殺到しました。見舞金も多数届きました。有名なすし店「銀座九兵衛」の若旦那が「頑張ってほしい」と50万円持ってお越しいただいた時は驚きました。

5月19日放送のテレビ番組を観て、塩崎恭久厚生労働大臣と県の労働局長が2人で訪問されました。

「国で出せる補助金はできるだけ出します。補助金の種類や申請方法は彼が教えます」

塩崎厚労大臣がそう言ってくれました。「このホテルは潰してはいけない」と。

そして後日、建設会社から「復旧工事で安全性は保てる」という耐震診断の結果が届きました。

労働局長本人が直接、総務課に来られ情報を提供してもらったり、直接指導していただいたりしたおかげで、補助金は無事給付されました。また、補助金の申請は社会保険労務士や司法書士に依頼すると一般的には10％の成功報酬を支払わなくてはいけませんが、社内で書類を準備できたため、成功報酬も半分の5％で済みました。

5月30日、2階の宴会場で「大送別会」と銘打って全社員が参加する大宴会を開催しました。ビール会社4社から見舞金として頂戴した各10万円で、各社のビールを購入。あり余っている食材をぜいたくに使った最高の料理とお酒を供出しました。

「これから復旧工事に入ります。売り上げがない上にお金がかかります。申し訳ないけど、夏のボーナス支給はありません」

そう詫びました。社員は仕事がないから残業代をもらえません。「皆さんには皆さんの生活がある。会社や私のことを気にせず、辞めたい人は辞めてもいい。自分の生活を大事にしてほしい」と伝えました。その夜はみんなでどんちゃん騒ぎして楽しく過ごしました。

後日、29人が退職。中に洋食の料理人が10人含まれていました。若手は残業がないと食べていけないので仕方がないこととはいえ、優秀な人材もいたしショックでした。調理場は料理人の年齢のバランスが大事で、途中が抜けるとうまく回らなくなってしまいます。例えば、上に50代が10人いて、20代が3、4人で中間層がいない調理場は、料理を作ったり継いだりする人がいないことを意味します。

復旧工事には総額8億4000万円が必要でしたが、そのうちの半分の

４億２０００万円を補助金で調達しました。せっかく累積赤字を解消できたのに、また借金生活に逆戻りです。この2年の間に多少の蓄えがあったので、それを補填して残りを借り入れしました。

社員を苦しい状況に置いていることを申し訳なく思い、7月に全社員に一律10万円のボーナスを支給しました。

9月から建物の耐震補強や補修工事がスタート。震災後も一部の客室や宴会場、レストランは営業を続けていましたが、自粛ムードもあって数カ月間は開店休業状態。社員は必要最低限だけ出勤し、ほかは休みを取っていました。

これがいつまで続くのだろうと心配していましたが、宴会は秋から急増。そのきっかけをつくってくれたのが肥後銀行さんでした。10月初旬に行員４５０人の宴会を開いていただき、それから火が付いたように宴会やパーティーが増えたのです。以降はとんとん拍子に売り上げが回復。こんなに順調に復活するなんて思ってもいませんでした。そのおかげで、社員に冬のボーナスを出すことができました。

累積赤字を解消して責任を果たし、正直、社長を辞めようと考えていました。これを一区切りにして、違う人生を歩もうかと考えていた矢先に熊本地震が発生し、辞めるに辞められなくなってしまいました。その一歩を踏み出すことはかなわなくなりましたが、これも人生でしょう。

ホテルキャッスルが地震被災から立ち直ることができたのは、支えていただいたお客さまはもちろん、付いてきてくれた社員のおかげです。被災後に廃業すれば、不動産の売却益で株主に返済した上で社員にも退職金を出せる、丸く収まるだろうと計算した時もありました。しかし、耐震診断の結果を受け、再起を目指すことを決断しました。

翌年3月、建物の復旧工事が終了しました。

熊本地震発生から3年経った2019（令和元）年6月、震災復興が一段落したと思い、世代交代を図ることにしました。後任を役員から抜擢することも考えましたが、それだと私と比べられてしまう。それに建物の耐震の問題も残されており、熊本だけの資本では将来難しくなるのではないかと判断し、筆頭株主のグランビスタホテル＆リゾート（旧三井観光開発）から人材を招聘。角田吉顕氏が社長に就任しました。同社は2015（平成27）年にフジサンケイグループ入りしていました。

私が会長職に収まる話も出ましたが、年齢的なこともあって常勤相談役に退きました。相談役の任期は1期2年でした。

ところが、震災復興にめどが付いたのも束の間、今度は新型コロナウイルス感染症が大流行したのです。

コロナ禍に突入した後は、宿泊、飲食部門ともに客足はほとんど途絶え、経営は大赤字の状態です。熊本地震の時は補助金を活用でき、半年後からは一気に持ち直しましたが、コロナ禍はいつ収束するのか終わりが見えません。行動自粛が求められてホテル業を含む観光業全体が大きな打撃を受け、退職する社員も出てきました。でも、誰も経験したことのない未知の苦しい状況はどうしようもありませんでした。

相談役の任期を終えた2021（令和3）年6月、私は熊本ホテルキャッスルから離れました。私の料理人人生、ホテル人生も無事終了。楽しい一生でした。

新型コロナウイルス感染症は2023（令和5）年5月に5類に移行。流行の波はあれど生活は日常を取り戻し、インバウンド需要も相まって観光業界、ホテル業界は活況を見せています。

第4章

さまざまな出会い、さまざまな旅

1

私は誰よりも交友関係が広いほうだと思います。数えきれないほど多くの人と出会えたのは、料理人を続けてきたからこそ。陳建民師父のまねをしてホールに出始めたことが、お客さまとの縁をつくるきっかけになりました。料理を通して、さまざまな人と親しくなることができました。

プロレスラーの〝燃える闘魂〟アントニオ猪木さん（1994年に引退）と知り合ったのは、日本国際博覧会「愛・地球博」（愛知万博）が開催された2005（平成17）年のことでした。きっかけをつくってくれたのは、元男性アイドルコーラスグループ「スリーファンキーズ」のリーダーで司会・タレントの長沢純さんです。長沢さんとは東京で知り合い、パーティーやイベントの司会で熊本にもよく来られていました。出会った当時、猪木さんは新日本プロレスの会長を務めており、私はずっと「会長」と呼んでいました。

東ヨーロッパに「モルドバ共和国」という小国があります。1991（平成3）年のソビエト崩壊後に独立した、ワインの産地としても有名な国です。モルドバやウクライナ、ルーマニアなどの東欧では、家一軒一軒にハウスワインがあると言われるぐらいワインが親しまれています。

モルドバでワイン祭りが開かれるにあたり、日本から使節団を派遣することになりました。使節団の団員は総勢41人。メンバーには長沢さんもいらっしゃって、熊本からは米澤義一さん（ドゥ・ヨネザワ会長）と私が招待されました。日本からファーストクラスでドイツへ、ドイツで乗り換えてモルドバへ。

その旅で会長と出会いました。長沢さんとのつながりで会長も使節団に参加していたのです。アントニオ猪木の名は同国でも知られており、体が大きいということもあって、どこに行っても注目の的。「カリスマ」という言葉は彼のためにあるようなものです。

モルドバにある「ミレスチ・ミーチ」というワインメーカーの地下60メートルに、鉱山跡を転用したワインセラーと迎賓館があり、パーティーが開催されました。私たち以外にも世界各国からバイヤーが数百人ぐらい来場していました。パーティー会場で会長と話してみると、意外にジョークをよく飛ばす楽しい性格で、親しみやすい人というのが第一印象でした。同学年ということもあって、滞在した4日間ですっかり意気投合しました。パーティーでは、日本から連れていった和食料理人２人が築地で買い求めて持ち込んだ食材を使って腕を振るい、現地の料理人にも手伝ってもらいながら和食を提供。面白いひとときを過ごしました。その時、現地の料理人がワインを飲みながら仕事しているのにはびっくりしました。彼らにとってはワインが水がわりなのでしょう。モルドバのワインをきっかけに、私もワインを嗜むようになりました。

私たちが訪れたのは年に1度のワイン祭りの真っ最中。同国の人口４００万人のうち25万人の見物客が集まるほどの一大イベントで、そのパレードに会長と長沢さんと私が飾り付けしたトラックに乗って参加しました。その様子は「ワインの郷 モルドバ」というテレビ番組としてフジテレビで放送されました。街には美しい女性ばかり歩いていて、東欧は美人が多い地域と言われますが、祭りはもちろん、パーティーに出演したウクライナ少女合唱団の女の子たちもみんなきれいで見惚れるほど。祭り期間中は、どのホテルに行ってもワインが無料でした。

こんな街にも和食の店が1軒あったのには驚きました。店には日本人の男性料理人がいて、以前銀座で働いていたらしく銀座桃花源を知ってくれていました。同国では日本円が使えませんでしたが、彼がユーロと両替してくれて食事代を払いました。当時、モルドバには日本人が3人しかいなかったそうで、彼はそのうちの1人でした。さらに祭りのパレードを見物している最中に、モルドバの男性と結婚して現地に住んでいるという日本人女性から声を掛けられました。3人しかいない日本人のうち2人と出会うなんて奇遇も奇遇です。

モルドバワインは、ホテルキャッスルが日本で最初に使い始めました。

モルドバの旅以降、私が東京に行くたびに会長から「飯食いに行こう」と連絡が来るようになりました。食事会には銀座ステファニー化粧品創業者の一家明成さんが参加することも多く、よく3人で会いました。一家さんはメルセデス・マイバッハとロールスロイスを所有していて、その車に3人で乗って銀座に出かけるのです。食事後、店を出ると玄関前に高級外車が停車していて、ただでさえ目立つ上に会長がいるので、あっという間にものすごい人だかりができました。

会長には当時、公私にわたって彼を支えていた田鶴子さんという女性がいました（のちに結婚）。愛称は〝ズッコちゃん〟。六本木で「ズッコ」というワインバーを開いていて、会長と飲む時は最後に必ずその店に立ち寄っていました。

会長は、生まれ故郷である横浜市の小学校の同窓会によく参加していました。同級生にとって彼はやはりヒーローなのでしょう。会の活動は盛んで、なぜか私もその同窓会に入れられてしまいました。私は〝転校生〟だそうです。

同窓会のメンバーとは、一緒にパラオ共和国に旅行に行きました。パラオには現地の酋長から与えられた「イノキアイランド」という名前の島があり、地図にも載っています。正式な手続きを踏めば、観光客でも上陸してランチを楽しめますが、会長と一緒の時は宿泊も可能。宿泊施設はありませんから、満天の星空を見ながら砂浜の上での野宿です。私たちが行った時は夕暮れが早く、食事は4時くらいまでに取らないといけません。イグアナ除けのために焚き火をして、現地のガイドが寝ずの番をしてくれます。私たちは砂の上にマットレスを敷き、夜空を眺めながら寝ました。

実はその日の昼、アクシデントが起きました。パラオに豪華客船の「飛鳥Ⅱ」が寄港。前日から私たちが宿泊していたパラオパシフィックホテルリゾートに、飛鳥Ⅱから下船した観光客数十人がタグボートに分乗してやって来ました。ちょうど島に渡ろうと桟橋から小さな漁船に乗るところで、私は先に漁船に乗ってほかの人を待っていると、会長が短パンを履いて首に赤いタオルを巻いて桟橋の上を向こうから歩いてきます。それを見た観光客が「猪木だ」「猪木がいる」と声高に騒ぎ始めました。会長は最初手を振って笑顔で応えていたのですが、途中で面倒くさくなったのでしょう。人目を避けるように桟橋の上から船に飛び乗ったのです。しかし、タグボートが起こした波で船が揺れていたせいで、会長は船べりに胸をドーンと強打して船上に転がり込んできました。観光客は「猪木がひっくり返った！」と大騒ぎです。

「骨折れたんじゃない？　病院に行ったほうがいいよ」

「大丈夫、大丈夫」

本人がそう言い張るものだから、そのまま出港。上陸後、一部のメンバーは船で魚釣りへ。私は料理の準備です。会長は木陰に寝転んで、葉巻を吸いながらウンウンうなっています。さすがはプロレスラー、痛みをずっと我慢しているのです。唯一釣れた「バラクーダ」というあまりおいしくない魚を私が調理して、みんなで食べた後、満天の星空の下で一夜を明かしました。会長は一晩中ヒーヒー言っていました。

島から戻ってすぐ病院を受診したところ、肋骨が3本折れていました。帰国後、成田空港から病院に直行してすぐ入院しました。

会長は引退後もプロレスや格闘技イベントにゲストで参加していたため、私もしょっちゅう呼ばれて観戦しました。会場には横浜の同級生たちも来ていて、打ち上げに行くと彼らから「こっちこっち」と声がかかって食事を共に楽しみました。

会長は過去、北朝鮮（朝鮮民主主義人民共和国）を30回以上訪ねていますが、2010（平成22）年9月の訪朝に私も誘われて同行することになりました。彼は、平壌《ピョンヤン》国際映画祭に自身が主演する映画「ＡＣＡＳＩＡ－アカシア－」を出品していました。私はどうしてもはずせない別件があって、2日遅れて1人で出発。福岡空港から中国・大連へ、そこから北京に飛びました。その夜は指定されたホテルに宿泊。私は「翌朝、ホテルのロビーの柱のそばに立っていてください」という指示を受けていて、指定の場所に立っていると、見知らぬ男が近づいてきました。

「ミスターサイトウ？」

「イエス」

そう答えるとビザを渡されました。

午後、北京空港発平壌空港行きの国際便に乗り、北朝鮮へ。機内には映画祭に参加する外国人の乗客もいて満席です。

平壌空港に到着。首都にある国際空港なのに、周囲にはビルのような高い建物はまるで見当たりません。場内には私の搭乗機以外に1機もなく、おかしいな？と訝しんでいたら、空港ビルの横にある林の中に飛行機が駐機されていました。おそらく、地上からは見えないようにしているのでしょう。飛行機から降りる時は、タラップじゃなくて普通のはしごを使い、そこから空港ビルまで滑走路の上を100メートルぐらい歩きました。

ほかの乗客と一緒に建物に近づいていくと、「斉藤様」と書いた紙を持った人が待っています。この人は日本語の通訳で、空港ビルとは別の建物に1人だけ案内されました。カウンターで手続きをする際、「カメラは持っていっていいけど、携帯電話とパスポートは置いていってください」と言われました。荷物を取って建物を出ると、玄関先に待っていたのは運転手付きの黒塗りの車です。通訳が助手席、私が後部座席に乗ってホテルへ。車は、赤信号を無視してまさにノンストップでホテルまで走りました。宿泊先の平壌高麗ホテルはツインタワーの高層建築で、国賓などが泊まるとされる高級ホテルです。到着すると、会長やほかのメンバーが待っていて、「よかった…」とほっとしました。ずっと一人で心細かったのです。

部屋に荷物を置いてベッドに寝転び少し休憩した後、コーヒーを飲もうとエレベーターで降りてホテルのカフェへ。円やドルは使えず、ユーロで支払うと北朝鮮のお金でお釣りが返ってきます。一服して部屋に戻ると、さっきまで乱れていたベッドがばっちりメイキングされているではないですか。あの短い時間で…まさか監視されているのでは、とちょっと気持ち悪さを感じました。ほかのメンバーの話では、脱いだまま置いていたシャツと靴下が、朝外出して夕方部屋に戻った時には洗濯とアイロンがけを済ませた状態で畳んで置いてあったそうです。

ホテルの近くに遊園地があり、その日は夜間オープンするというので、日本からのメンバーが招待されました。まだ夜7時半くらいなのに、遊園地までの道中、周囲の街は真っ暗です。車で遊園地に到着すると、暗がりの中に開園を待つ大勢の人が並んでいてびっくり。たぶん2、3000人ぐらいはいたのではないでしょうか。

会長が入り口前に歩き進んだ瞬間、遊園地の電飾が一斉に点灯して、乗り物が動き出しました。会長の到着が開園の合図だったのです。日本の朝鮮学校の学生らが修学旅行で来ていて、「猪木だ。猪木だ」と大騒ぎしています。

アリラン祭も見物しました。アリラン祭とは、平壌で毎年8月から10月にかけて開かれる世界最大規模のマスゲームイベントで、外国からの観光客も多く訪れます。会場となるスタジアムは、新日本プロレスが以前興行を実施した場所でした。私たちは特別観覧席から観覧。会場では延べ数万人の出演者が1時間半以上、休憩を挟まず代わる代わる演目を披露します。それは素晴らしい最高のショーでした。ちなみに、北朝鮮人の一般的な月給が日本円で1400円程度なのに対し、アリラン祭の観覧チケットは約1万5000円でした。

北朝鮮の食事はあまりおいしくありません。国の事情がそうさせているのでしょう。平壌冷麺が有名なのですが、残念ながら常温で冷えていません。ジャガイモを叩き潰し平たくして蒸したものが主食で、焼肉も食べましたが、硬い牛肉ばかりでした。朝のバイキングといっても6品ぐらいしかなく、やはり食生活は貧しい。

北朝鮮では行動が制限されると聞いていましたが、カメラを持ってホテルの近所を散歩する自由はありました。散歩の途中、たまたま結婚式を見かけてお邪魔させてもらったところ、テーブル上に並んでいたのはポテトチップスやソーセージを薄く切ったものなどで、料理らしい料理は全く見当たりません。そういう食べ物もない光景を目にすると、自分は日本人として生まれて幸せだなと感じました。日本人として生まれたことに、皆さん感謝しなくてはだめだと思います。〝日本万歳!!〟

映画祭後のパーティーで、会長は北朝鮮から勲章を授与されました。

会長はとにかくしゃべるし、ジョーク、それもダジャレが多くて話していてとても楽しい。葉巻とワインが大好き。私が東京にいる間は毎晩のように飲んでいて、彼から呼ばれることもあるし、私がズッコに訪ねていくこともある。店に顔を出すと、会長が「ここに」と言って隣に座わらせてくれる。ウマが合うっていうのはこういうことを言うのでしょう。

会長が来熊したある日の夜、マスターが大のプロレス好きで知られる「ビアホールMAN」に飲みに行こうと一緒にホテルを出ました。ところが、ものの3分で歩ける距離なのに、通行人が「猪木だ」「握手してください」「一緒に写真いいですか」と次々集まってくるものだから、数十分経っても店に辿り着けません。会長は愛嬌が良くて、頼まれると断らないのです。

私の黄綬褒章受章の祝賀会には、会長も来てくれました。会長の70歳の古希、77歳の喜寿といった祝い事には全て参加しました。喜寿のお祝いはザ・オークラ東京で開かれ、プロレスラーをはじめ多くの人が駆けつけていました。しかし、会長はこの後入院したため、最後のパーティーとなってしまいました。

会長は2022（令和4）年10月1日、逝去しました。数万人に1人の難病と言われる「全身性トランスサイレチンアミロイドーシス」という病気で闘病中でした。彼のような偉大な人物に知り合うことができて幸せでした。

翌年3月7日に「お別れの会」が両国国技館で開催され、関係者やファン8000人が参列。会場の中央にはプロレスのリングが設えてありました。私が会場に入ると、会長の同級生たちから「こっちこっち」と招かれ、同級生の一員としてリングサイドそばの席に座りました。坂口征二さんの開会宣言の後「炎のファイター」が流れ、観衆の猪木コールがこだまする中で開会。締めは会長の孫ナオトさんとオカダ・カズチカさんの掛け声に合わせ、会場全体で「1、2、3、ダー!」と大合唱。その後、近親者から一人一人リングに献花していきました。私は同級生と一緒に献花しました。

私が東京にいる間は、会長と「ズッコ」でいつも飲んでいた

会長は、黄綬褒章受章を祝う会にも駆けつけてくれた＝2009年、熊本ホテルキャッスル

北朝鮮（朝鮮民主主義人民共和国）を訪れた時の1コマ。左右の女性は北朝鮮の女優さん＝2010年

北朝鮮の平壌にある、ピラミッドのような柳京ホテルの前で＝2010年

会長の「喜寿を祝う会」にて。会長はこの後入院したため、最後のパーティーとなった＝2020年、ザ・オークラ東京

両国国技館で開かれたアントニオ猪木お別れ会にはリングが設けられていた＝2023年、東京

2

西郷輝彦さんは映画かドラマで田中角栄を演じたことがあり、田中事務所を通して「桃花源に行くから会ってくれないか」という話が来たのが最初の出会いです。

確か1976（昭和51）年ごろの話だったと思います。それから仲良くなって、当時はまだ県議会議員だった三角保之さん（のちの熊本市長）と3人でよく酒を飲み交わしました。西郷さんとは、彼が来熊するたびに飲んだというのが一番の思い出です。くだらない話ばかりして、2人とも泥酔いするからいつもメチャクチャになるのですが、とにかく一緒にいて面白かったですね。

西郷さんの子どもがまだ小さいころ、家族でちょくちょく熊本に旅行に来て店で食事してくれました。彼は交友関係が広く、いろんな人を紹介してくれるため、違う分野の人との付き合いが増えました。西郷さんの自宅に馬刺しを持って訪ね、彼の家族に馬焼きを振る舞ったこともありました。

彼とはゴルフにもよく行きましたが、残念ながらゴルフは下手。ただ「やっぱり俳優は違うな」と思ったのは、ミスショットしても情けない声を出さない。私たちは打ち損ずると「あちゃー」とか「しまった！」とか言ってしまいますが、彼はチョロ（ボールが飛ばないミスのこと）しても、格好良くフォロースルーを決めているのです。でもボールはすぐ目の前に転がっている。そういう姿を見ると、さすが役者だと感心してしまいます。俳優さんにはそういう人が多いですね。常に人から見られていることを意識しているのでしょう。

彼のお別れ会（2022年2月死去、享年75）にも参列しました。彼の子どもたちは成長して30歳ぐらいになっていました。彼らとは久しぶりに会ったのに、私のことを覚えていてくれました。

芸能関係では、西郷さんの紹介で俳優の田中健さんや柴俊夫さん、神田正輝さんの母親で女優の旭輝子さん、舞台で主に活躍している丹羽貞仁さんとも知り合うことができました。熊本で舞台公演が開かれると案内が来て、舞台を鑑賞した後、打ち上げにも呼ばれて参加していました。打ち上げでは、旭さんが「うちの嫁の歌を歌うね」と言ってカラオケで松田聖子さんの歌を歌ったのが印象に残っています。

西郷輝彦さん家族と一緒に、阿蘇の温泉を楽しんだ

西郷さんと明子夫人が来熊された時は、よく食事をご一緒した＝熊本市の飲食店

1周忌に開かれた西郷輝彦さんを偲ぶ会の
会場にて＝2023（令和５）年、東京プリ
ンスホテル

西郷輝彦さんを偲ぶ会の後、俳優の田中健さん、歌手の杉本真人
さんと思い出話に花を咲かせた＝2023（令和５）年、東京

3

哀川翔さんとの出会いは、Ｖシネマ「デコトラの鷲《しゅう》」がきっかけ。シリーズは全6作で、第4作「デコトラの鷲 愛と涙の男鹿半島」（２００６年）のキャンペーンで熊本に来た時に知り合い、縁あって香月秀之監督と哀川さんと仲良くなりました。私は彼のことを「翔ちゃん」と呼んでいます。

5作目で熊本編の制作が決定。サブタイトルは「火の国熊本親子特急便」（08年）です。熊本城とホテルキャッスル、阿蘇が主な舞台となっており、撮影期間中にぐっと親密になりました。熊本編ということで、県出身の水前寺清子さんやコロッケさんも出演しています。ちなみに、水前寺清子さん演じる阿蘇の牧場主の親友の料理人役として私も出演させられました。

翔ちゃんはその後、好朋友会に入会し、一緒にゴルフをするようになりました。彼は朝が早いことで知られており、熊本に来た時は朝3時ごろに起きて佐賀にある菩提寺まで墓参りに行って、戻って来てゴルフをします。早朝に営業している熊本ラーメン店があり、それを食べるのを楽しみの一つにしていました。

翔ちゃんと米澤さん、私、それともう1人の4人でゴルフしている最中、翔ちゃんが私に向かって話を切り出しました。

「俺、眼鏡を作りたいんだよね。米澤さんに頼んでよ」

聞くと、哀川翔モデルの眼鏡をプロデュースしたいという。一緒にいるんだから直接頼めばいいのにと思いながら米澤さんにお願いすると、眼鏡メーカーを紹介してくれました。

後日、眼鏡の本場、福井県鯖江市まで一緒に足を運び、デザイナーと打ち合わせしてオリジナルの眼鏡を作ってもらいました。その時のメンバーが翔ちゃんと奥さまの公美ちゃん、米澤さん、一家さん、私の5人。その日は寒くて、一家さんが経営するゴルフ場もシーズンオフでしたが、無理を言って営業してもらって、フウンドした後クラブハウスで大宴会を開きました。従業員の皆さんはいい迷惑だったと思います。

哀川翔モデル「SAMURAI SHO」の眼鏡は一般発売され売れ行きも良いそうです。例年新しいモデルが登場しており、ネット通販でも購入できます。私も普段から愛用しています。

翔ちゃんとはバリやタヒチ、カンボジアといった海外にもよく旅行し、ゴルフや釣りを楽しみました。メンバーはだいたい7、8人。カンボジアでは世界遺産のアンコール・ワットを観光しました。タヒチでは、飛行機トラブルで帰れなくなってしまったこともありました。一旦ホテルに戻って休んでいると、次男の圭佑から「子どもが無事生まれた」という電話がありました。私にとっては初孫です。翌日空港に行ってラウンジで待っている間にみんなに「孫が生まれた」と報告したところ、公美ちゃんがシャンパンを取り出して、仲間が「おめでとう!」と祝ってくれました。周囲の外国人が「何があったの」と聞くので訳を説明すると、その人たちまで一緒になってお祝いしてくれました。そういう楽しい思い出があります。

朝が早い一方、夜も早いのが玉にキズ。みんなで盛り上がっている途中でいなくなっちゃうのには困ります。それに寝てしまうとなかなか起きてこない。カンボジア旅行では、午前中にゴルフをして、ホテルに戻ってから「昼飯は俺が作ってやるぞ」と言って料理が出来上がった時にはもう寝ていました。公美ちゃんに「起こしてよ」と頼むも「もう起きないからダメよ」と言われる始末。結局、起きてきたのは翌日の深夜2時でした。私たちがプールサイドでお酒を飲んでいたら、彼がやってきました。

「今起きた。おはよう」

昼ご飯も夜ご飯も食べずにずっと寝ていたのです。

私が見たところ、翔ちゃん自身はそんなに人付き合いが得意じゃないようですが、私とは全然そんなことはなく、一緒にいて楽しい。自宅にも遊びに行ったことがあります。翔ちゃんとは、田中健さんやミュージシャンの杉本真人さんを加えた4人でよく銀座で飲みました。

彼の芸能生活20周年、30周年のパーティーは、私が裏方でサポートしました。会場は「ホテル雅叙園東京」で、参加者は500人ぐらいだったかな。そこに料理の鉄人が来て料理を振る舞ったものだから、参加した芸能人たちもびっくりしていました。

娘の福地桃子さんは、熊本県北にある小代焼という焼き物に凝っていて、福岡の博多座で「千と千尋の神隠し」の公演期間中、休みに何人かで窯元を訪れていたそうです。小代焼は私が翔ちゃんに紹介していて、彼が先にハマって桃子さんがその影響を受けたようです。

「デコトラの鷲」の撮影期間中に、タレントのコロッケさんと＝熊本ホテルキャッスル

ハワイのゴルフ場で、右から哀川翔さん、私、米澤義一さん

タヒチ旅行では青空の下、船釣りを満喫した。右から哀川翔さん、米澤義一さん、私

タヒチの空港のラウンジで、仲間に初孫の誕生を祝ってもらった

4

陳建一とはプライベートでも仲が良く、彼のことは「建ちゃん」と呼んでいました。旅行にもよく一緒に行きました。おそらく50回はゆうに超えているのではないでしょうか。台湾と香港には20、30回ぐらい。仕事の時もありましたが、大半が遊びです。

特に思い出に残っているのはスペインのマラガ。ビジネスクラスを使った4泊5日の旅で、旅費は120万円。その時のメンバーは4人で、主催は建一でした。

成田空港から夜の便で出発するのに、集合時間は当日の早朝、場所は空港近くのゴルフ場です。そこで1ラウンド回ってから空港に移動して日本を出発。イギリス・ロンドン経由でマラガに到着したのは深夜12時ごろでした。ホテルに宿泊して翌朝は近くのゴルフ場で1ラウンド、午後は別のゴルフ場に移動してもう1ラウンド。ホテルに帰って、翌日も別のゴルフ場2カ所で各1ラウンド回ります。1日2ラウンド制で観光も何もしません。

最終日はさすがに午前で「ゴルフはもういい」と断って、午後からメンバーの1人と一緒に、白壁の家々が立ち並ぶ「白い村」として有名なミハスを観光。建一ともう一人は現地で計6ラウンド回りました。翌朝、帰りの飛行機でロンドンへ。ロンドンでは、午後から世界的に有名なゴルフ場で1ラウンド。そして、翌日の午前中にようやく成田に到着しました。到着後、建一が私にこう言いました。

「斉藤さん、時差ボケを治すため、もう1ラウンド行きましょう」

「バカタレ」

それくらい建一はゴルフが好きで、スコアも良かった。料理人なのにゴルフ雑誌によく掲載されていたし、ゴルフメーカーから協賛を受けていて、クラブセットを2セットもらっていました。そのうちの1セットを私に送ってくれるので、私は自分でクラブを買う必要がありませんでした。亡くなる前年も、年間240ラウンド回っていたようです。それだけ回れば誰でも腕前は上がります。

2018（平成30）年ごろかな、ベトナムのダナンに旅行した時のこと。夜、ある中国料理店に行くと、以前「ホテル雅叙園東京」にいた中国人料理人が偶然そこで働いていたのです。

「おぉ、久しぶり」

再会を喜び合った建一が「俺が料理を作ってやろう」と言い出して調理場へ。お店は来店客で満席ですが、もちろん誰も建一のことは知りません。建一が作った料理をお客さんに提供すると、お客さんはみんなその味の違いにビックリ。普段口にしているる料理よりもおいしいから歓声が上がっていました。

建一はよくイタズラ心でそんなことをしていました。確か「料理の鉄人」に出演していたころの話ですが、グアムの中国料理店でも調理場に入っていきました。「何か俺に作らせて」。食材の有無を尋ねて、ないものはスーパーで買ってきてもらって、手早く2、3品作ると、あまりのおいしさに料理人がビックリするのです。

「あなた何者なの？」

建一は、道場六三郎さんや坂井宏行さんと違って顔に個性がないから、普段着だとほとんど気付かれませんでした。

中国はもちろん香港、台湾、オーストラリア、ベトナム、カンボジア、スペイン、イギリスなどいろいろな国や地域を旅しました。特に中国語圏は中国料理協会同士のつながりもあって何度となく足を運びました。現地では協会関係者らが歓待してくれて、お金を使わなくて済むから楽なのですが、建一はお酒が弱くて乾杯（飲み干すこと）が大変で、いつもひっくり返っていました。参加メンバーは時々で異なりますが、彼との旅はいつも楽しかった。まあ、ほとんどゴルフしかしませんでしたが。

私は、彼を本当の弟のように感じていました。

四川料理のつながりはほかの流派よりも強くて深い。協会の下に四川会という同門会があって、協会の総会の後には会合を開いています。会合には、陳師父の弟子をはじめ四川料理人が参加し、建一が鉄人になってからはどんどん増えていきました。

建一は2010年ごろに息子の建太郎に店を譲り、自身は一線から退いていました。

16年前、建一に肺がんが見つかって手術することになったため入院先に見舞いに行ったところ、病室にはいません。看護師に聞くと「どこに行ったか分かりません」という。部屋の冷蔵庫を開けると豆板醬といった調味料がずらりと入っています。彼は糖尿病も患っていて、そのせいで手術が延び延びになっているのに、病院食がおいしくないからと言ってそれをぶっかけて食べていたのでした。そこに、建一がゴルフの練習から帰ってきました。

「バカじゃないの、おまえ」

私は冷蔵庫から調味料を出して全部ゴミ箱に捨ててやりました。

糖尿病の数値がいつまでも改善しないため仕方なく手術に踏み切ることになった時、

建一が医者に言った言葉が「どんな手術をしてもいいけど、すぐにゴルフができるようにしてください」。あとでそう聞いて開いた口がふさがりませんでした。

手術は成功。建一も元気に復活し、ゴルフにも行けるようになりました。ところが、仲間うちから「斉藤さん、陳さんがどうやらタバコを吸っているみたいだ」と相談を受けました。

「まさか。タバコ吸って肺がんになったのに、また吸うわけないよ」

そう答えたものの、建一と一緒にラウンドしている最中に様子を窺うと、インもアウトもトイレがあるたびに立ち寄るのです。フェアウエーにボールがあるのに森の方に歩いて行って2、3分出てきません。どうも怪しい。

「建ちゃん、みんながタバコ吸っているんじゃないかと言ってるけど」

「いや吸ってませんよ」

彼は否定しましたが、間違いなく隠れて吸っていたでしょう。その7、8年後かな、また倒れて入院するのですが、それからは本当にやめたようです。

2023（令和5）年、建一は年明けから体調を崩して入院。1月中旬に開かれる日本中国料理協会の総会前日、病院から電話がありました。

「2、3日後には退院できそうなんですが、明日は行けないから斉藤さんよろしくお願いします」

それが建一との最後の会話でした。そして3月11日に逝ってしまった。

中国四川省のゴルフ場で、陳建一とおそろいのゴルフウェアを着て決めポーズ

建一とはゴルフばかりしていたような気がする＝栃木のゴルフ場

陳建一お別れの会の会場にて＝2023年、
東京セルリアンタワー東急ホテル

5

日本では料理人は男の世界で、女性は非常に少ないのが実情です。世界的にもそれは同じですが、中国料理では女性で有名になった料理人が1人います。名前はマダム・ヤン。台湾の「馥園《フーエン》」というナンバーワンレストランのチーフ兼オーナーです。5年の月日をかけて建てた素晴らしい建物とおしゃれな中国料理が評判でした。

30年近く前、ある人がその女性と会わせたいというので、台湾の飛行場で会うことになりました。昔、「楊夫人《マダム・ヤン》」という即席ラーメンが発売されていて、CMに台湾の女優が起用されていたのを覚えている人もいらっしゃるでしょう。マダムというぐらいだからどんな素敵な女性が来るんだろうとロビーで待っていたら、髪はボサボサ、手には紙袋、足は草履という姿の女性が約束の時間に30分遅れてやって来ました。

「斉藤です。よろしく」

「昨夜飲み過ぎた。ブランデー1本」

第一印象でこの人すげぇな、と感心しました。馥園はすでに閉店していますが、のちに彼女は中国の廈門《アモイ》市に移り住んで事業で大成功しました。彼女とは会ったその日から三日三晩飲みましたが、まるで男のように酒をかっくらっていました。

馥園に招待されて料理を2回食べましたが、「あれ？」と違和感が…これは男の料理じゃない、女性の料理です。１９８０年代に始まった、西洋料理のように皿に小さく盛り付けてコース料理のように提供する新しい中国料理のスタイルを「ヌーベルシノワ」と言いますが、彼女はその先駆者だったのです。大きな鍋を持てない、体力のない女性ならではの発想なのでしょう。コンベクションオーブンを使うのも特徴の一つです。こんなスタイルがあるのかと驚きましたが、感激した料理は一つもありませんでした。ただ、料理の提供方法を見て「これは楽だな。力いらないし、このやり方いいな」と思いました。

現代の中国料理では、そのスタイルが主流になりつつあります。

そのころ、「ハイアットリージェンシー香港」の「凱悦軒《がいえつけん》」に周中という料理人がいて、彼はフルーツを使う天才でした。フルーツの炒め物のほか、フカヒレ入りのパパイヤ蒸しスープという料理を考案し、それが香港で大ヒット。台湾のマダム・ヤンと香港の周中は、中国料理に新風を巻き起こした双璧でした。海外の中国料理店の経営者にとって、一度は行ってみたい、食べてみたいという店だったと思います。周師父には熊本に来てもらって、県内の料理人を集めて勉強会を開いたことがあります。和の鉄人、道場六三郎さんと知り合って30年以上たちますが、和食の料理人と一緒に遊びに行くようになるなんて昔は考えられませんでした。

神田川俊郎さんも、とてもかわいがってくれました。仲良くなったきっかけはやはり「料理の鉄人」で、神田川さんは時折収録を見に来られていました。収録後、「飲みに行こうよ」と誘っていただき、番組プロデューサーたちとお酒をご一緒した思い出があります。豪快な飲みっぷりで、飲み代は気前よく全部払ってくれました。神田川さんは熊本に来るたびに、私に何かプレゼントしてくれました。亡くなる4カ月前にもネクタイをもらいましたが、それが最後の贈り物になりました。

高倉健さんはとにかく格好良かった。健さんは、天草にある園田直さん（熊本出身の政治家）の墓参りをする際、ホテルキャッスルを利用していただきました。健さんの友人の一人が私の知人で、それが縁で桃花源に食事にいらっしゃった時にあいさつを交わしたのが最初です。

「よろしくお願いします」

深々と頭を下げられ、私が「座ってください」というまで、立ったままお話しされていたのが印象に残っています。

それから何度かお越しになり、親しくお話しさせていただきました。健さんが宿泊される部屋はいつも同じで、それは元妻の江利チエミさんが亡くなる前日、ホテルキャッスルでお泊まりになられた部屋なのです。そして、墓参りはいつも夕暮れどきでした。そういう行動はまさに映画そのもの。私たちが若いころは、高倉健さんや石原裕次郎さんの映画ばかり観ていた時代です。そんな憧れの人と話ができるなんて、料理人になっていなかったら無理だったでしょう。後日、自筆のお礼状が届きました。

野球界では王貞治さんに良くしていただきました。王さんのお父さまが料理人で、東京華僑総会の会長だったのです。中国人の同僚が結婚する際には、結婚式には王さんのご両親が出席されました。お父さまはカラオケが好きで歌い出したら止まらない。5曲ぐらい連続で歌う人で、次の人が歌えなくなるほどでした。のちに王さんがホテルキャッスルに来られた時にそのエピソードを話したら、「親父って人前で歌っていたんですか」と驚かれていました。王さんは、私たちのような年下にも丁寧に敬語を使ってくださるとても紳士な方で、まさに野球界の宝だと感じました。

私はしょせん一介の料理人なのに、あんな素晴らしい方たちと親しくさせてもらっていいのかな、という気持ちをどこかで持っています。最近は亡くなる方も増えてきました。楽しい思い出がいっぱいあるだけに、近しい方が亡くなるとショックが大きい。会長は、若いころの私にとってはブラウン管の向こう側の大スターだったのに、こんなに仲良くなれるのですから人生は不思議です。

いろいろな人と出会えたのは料理人になっていたからこそ。料理人冥利に尽きます。料理人になって本当に良かったと思います。

陳建一主催のゴルフ大会「マーボーカップ」の打ち上げの１コマ。
左から柴俊夫さん、道場六三郎さん、私、哀川翔さん＝東京

福岡ソフトバンクホークスの試合が熊本で
開催された際、選手らが熊本ホテルキャッ
スルを利用。王貞治さんが快く写真撮影に
応じてくださった

好朋友会には、堀江貴文（ホリエモン）さんも参加している＝熊本ホテルキャッスル

道場六三郎さんのゴルフ会にて。「つきぢ田村」の田村隆さん（左奥）など和食の料理人との交流も広がった＝箱根のゴルフ場

6

中国には50年ほど前から行っています。兌換券《だかんけん》という、外国人観光客に渡される補助紙幣を使っていた時代から旅しています。

植村直己が1万2000キロの北極圏犬ぞり横断を達成した1976（昭和51）年、四川省の重慶市を私が訪れたのは観光開放第一陣のツアーでした。参加者は36人。当時、中国は都市ごとに順次観光開放していて、それまでは桂林、武漢まででした。だから現地の人は日本人を見るのが初めてで、私たちが両替のために立ち寄った銀行から出てくると、人民服に人民帽という格好をした4、5000人の見物客に取り囲まれていました。これは作り話でもなんでもない、本当の話。ついには消防車が出動し、放水して人を蹴散らしていました。重慶市にはホテルがなく、人民大礼堂という政治、文化行事に使われる建物を宿舎としました。その後も、街を歩くと後ろを人がぞろぞろ付いてきていました。

現地で初めて食べた麻婆豆腐やタンタンメン（担々麺）は強烈でした。そのころは豆板醤や山椒の粉などが日本に輸入できるようになる前だったので、麻婆豆腐なんてとても辛くて「なにこれ⁉」と衝撃を受けました。自分たちが扱ってきた料理だけど味が違う。食材や香辛料がそもそも日本と違うのです。その中でもウドと生ザーサイの味が忘れられません。ウドはサラダ、ザーサイは煮込みで、こんなにおいしいものは食べたことがありませんでした。ちなみに、私たちが入った食堂ではテーブルに座っていた中国人客を主人が押し除けて案内してくれて、食べている間中、店の周囲は黒山の人だかりでした。

広東省ではサルの脳みそを食べる習慣があり、私たちも2日間、料理人12人で7頭分食べました。この時はヘビやイグアナ料理も出てきました。皆料理人だから興味津々です。脳みそは蒸してあり、魚の白子のような味でした。食後に調理場を見せてもらったのですが、まな板の上にサルが転がっていたのは少々きつかったですね。2日目には、サルの顔肉の土鍋煮込みを食べました。

四川省重慶の市場に行くと、虎の骨、ジャコウジカの香嚢《こうのう》といった貴重なものが売られています。ジャコウジカの香嚢に鼻を近づけると、とても甘くて良い匂いがしました。

日本に戻って陳建民師父に報告した際、「何を食べた」と聞かれたので、「これとこれを食べました」と答えると、陳師父が、そのころ話題になっていた映画「犬神家の一族」の有名なセリフを引用して「そんなもの食べると祟りがあるよ。猿の脳みそなんて広東人しか食べないよ」とこう言うのです。「食は広州にあり」という言葉がある通り、広東人は何でも食べる習慣があるのです。その後、臍臓を悪くしたので、やはり猿は食べてはいけなかったのでしょう。

私たちは数十年前からの中国を知っているので、都市の急激な近代化には驚きを隠せません。四川省の成都市を十数年前から毎年のように訪れていましたが、見るたびに街並みも人のファッションも変わっています。最初は、陳師父の遺品を納めに行った時だったと思いますが、当時は田舎でした。それからはどデカいホテルはできる、どデカい道路はできる、とにかくなんでもどデカいものが造られていきました。

成都に新しくできた道路は12車線。高齢者が歩いて横断しようと思っても、向こう側に行き着く前に信号が変わりそうなくらいの車幅です。ルイ・ヴィトンやフェラガモといったブランドショップの店舗の規模が、日本の百貨店ぐらいの大きさぐらいあります。ところが店の中を覗いてみても、客なんて1人もいません。ブランド品は自分用ではなく贈答品、いわゆる賄賂として購入されることが多いと聞きました。ゴルフ場も増えました。

　のちに重慶市を再訪した時には、何もなかった場所に大都市ができていて本当に驚きました。武漢も同様で、コロナ禍になる前年の11月に43年ぶりに訪れましたが、自分が知っている武漢とは全く違う近代的な街になっていて、まさに浦島太郎の気分でした。その後すぐに武漢から新型コロナウイルス感染症が広まり、二度ビックリです。

　中国は本当に豊かになりました。

　中国や台湾のお金持ちは見た目では見分けが付きません。台湾の友人が「ちょっと俺んちおいでよ」と言うので訪ねると、「何この家⁉」とびっくり。30階建てマンションの最上階1フロア130坪で価格は28億円。夫婦の寝室のほかにゲストルーム2室、中央に40人座れるという円卓がある広々としたリビングにはグランドピアノが置いてあり、窓からは街並みが一望できます。日本のお金持ちとは桁が違います。「この人、どんな商売したらこんなに儲かるんだろう」と思っていたら、酒の卸問屋を営んでいました。

　中国料理やゴルフを通して中華圏の人と付き合いがありますが、そうした人たちと損得抜きで付き合えるのは楽しい。

7

世界中を回って、いろいろな食材を探し求めてきました。

中国料理では、オマール海老（ロブスター）を蒸し料理やエビチリなどで使います。30年ほど前まで、大阪以西でオマール海老を最も多く使っていた店は、フレンチを含めて桃花源でした。オマール海老のみそは伊勢海老よりもおいしい。主な産地はフランスとカナダです。

カナダの東海岸にハリファックスという都市があります。それまではオマール海老はフランス産しか日本に入っておらず、値段も高かったため、カナダまで買い付けに行きました。時期は初夏、3泊5日の旅程です。最高気温が30度を超える熊本を出発して、乗り換えを含めて現地到着が28時間後。到着時点での気温は7度で、急な気温差に体が付いていかずにおなかを壊したぐらいの寒さです。

現地の漁港の倉庫を見に行くと、オマール海老が生きたまま1匹ずつ水槽ケースに入れられています。ケースはピラミッド式にうずたかく積まれていて、その数に圧倒されました。上から海水をかけると下まで流れていくという保存システムで、寿命は

3カ月。オマール海老は、熊本まで生きたまま届けられるのです。価格は、フランス産の3分の1ぐらいに抑えることができました。今でも、そこから輸入しています。

フランスのナントには、フレンチの料理長とフォアグラと生ハムの買い付けに行きました。

現地では、生産者がひなから育てたカモを農家に一旦預け、3カ月後に成長したカモをもらって11日間でフォアグラを作り上げます。フォアグラとは、カモ（あるいはガチョウ）の肝臓のこと。飼育場では、何千羽というカモが1羽1羽ケージに入れられ1列に並んでおり、生産者は給餌機械の管の先をカモの口の中に突っ込んで無理やり練り餌を流し込むのです。それを1羽に1回750グラム、1日2回で計1・5キログラム食べさせる。給餌担当者は終日黙々とそれを繰り返すのです。カモは11日後には肝臓が400～450グラムまで肥大するので、カモをさばいて取り出します。現地で見た時は、「こんな職業の人がいるんだ」と驚くとともに、こういう過程を経て世界三大珍味の一つが世の中に出ていくのだなと、感慨を新たにしました。

今から30年ほど前、日本の和洋中の料理人12人が招待されて、オージービーフの生産工場を見学するためにオーストラリアのタスマニア島に行きました。

見学は、モモ肉やスネ肉など牛肉の部位を見ながら説明を受けるところからスタート。そこから肉の切り分け、血抜き、皮剝きといった、殺される瞬間以外の生産過程をさかのぼっていって、最後は「死のロード」と呼ばれる、牛が10頭ずつ工場に追い込まれていく様子を見学しました。牛たちは自分以外の牛を先に行かせようと〝おしくらまんじゅう〟状態になり、弱い牛から狭い入り口に押し込まれていきます。その時、牛の目には涙が流れていました。人間は生き物を殺して食べているのだ、残酷だと実感。頭では分かっていたことですが、やはりショックでした。そこでは、ハラル（イスラム教の教えに基づく法令）向けの礼拝堂も見せてもらいました。

その日、オージービーフの牧場主の自宅に招待されました。牧場主は牧場のほか、釣り堀とワイナリーを経営していました。

「今夜はバーベキューをしよう」

タスマニアは昼が暑くて夜は寒いため、「厚着して行かなきゃ」というと「いや、そのまま軽装で大丈夫」と言います。自宅を訪れるともう驚くほどの大豪邸で、家の周囲には緑の芝生が広がっています。近くには民家がなくとても静か。確か30万坪と言っていたでしょうか。バーベキュー会場は実は屋外ではなく、プールを完備した大きな部屋の中でした。プールには飛び込み台もあります。なるほど、ここなら夜も寒くありません。牧場主が面白い人物で、余興として奥さんの水着を着て帽子をかぶって、飛び込み台から飛び込んでいました。

こちらは和洋中の料理人がそろっているので、お礼に牛ずしやカニのエビチリを作りました。ただ、火力の弱い電気調理器だったせいかお米がうまく炊けず、鍋の半分ぐらいが生だったのには大笑いしました。プロの料理人があたふたしているのは面白かった。残り半分は小さい鍋に移し替えて炊き直しました。

タスマニアでは、沖で巨大なカニ「タスマニアンキングクラブ」が捕れます。大きいものになると甲羅の幅が40センチ、重さは1匹20キロもある。漁港で生きたキングクラブをもらったのですが、そんな大きなものは簡単には料理できません。そこで宿泊しているホテルのレストランから中華釜と鍋を借りて、みんなでゆでて食べました。ハサミだけで50センチぐらいあり、味も良く、食べ応えは抜群でした。

香港には、フカヒレと、白いドレスをまとったような姿から「キノコの女王」と呼ばれるキヌガサタケを仕入れに行きました。強い匂いを放つキノコで、日本でも竹林でまれに見つけることができます。中国料理では高級食材として扱われていますが、日本の半額で購入できます。フカヒレはノルウェー産で、ゼラチン質が多いのが特徴です。

世界各国を旅行して、いろんな国の料理を食べましたが、最もおいしかった、印象に残っているのはスペインです。よくフランス料理はおいしいと言われますが、私には味付けがしょっぱく感じる。だからワインを飲むのでしょう。ワインをおいしく飲むための味付けで、ミシュランの星付きレストランにも行きましたが、星が付くほどしょっぱくなります。

フランス国境近く、スペイン北部の都市サン・セバスティアンは、美食の街として知られています。私が足を運んだ星付きレストランでは、普通の料理人では考えられないような「えっ」と驚くような料理が出てきました。

例えば、かごの中にわらを敷き生きた車エビをのせたものをテーブルに出し、客の目の前で火を付けて燻す料理とか、皿の上に20センチの長さの板が立てられていて、板の先に調理した貝が挟まっている料理とか、とにかく発想が斬新なのです。あ然とする、それでいて味はシンプル。その店は、「スペインの巨匠」と呼ばれた人の娘が料理長を務めていました。調理場がとてもきれいだったのも印象的で、運良くもう1

軒、星付きレストランに行きましたが、この店も調理場がきれいでした。調理場に自信があるのでしょう。興味があるので「見せてくれないか」と頼むと、「どうぞ」と簡単に見せてくれるのです。料理人は多国籍で、最先端の料理を学びに来ている人が大勢いました。その店には、客に出す料理を作る調理場と別に、料理人が勉強する調理場があったのには驚きました。聞くと、スタッフによる料理発表会を開いて、試作料理の中から店の新作として出すか出さないか検討するそうです。そのやり方には「なるほど」と感心しました。

イタリアでは、ファッションブランドのフェラガモがトスカーナ州に所有するイル・ボッロ村に宿泊しました。創業者の長男フェルッチオ・フェラガモが村と周辺敷地を購入した、東京ドーム180個ほどの広大なエリアに、「イル・ボッロ」というワイナリーのほか、ホテルやヴィラ、レストラン、ブティック、工芸品店などが点在しています。ホテルやヴィラは土塀の旧家を改装したもので、中世の趣きを感じながら滞在することができます。

私たちが訪ねた時は、フェラガモ家の方があいさつしてくれたのですが、「さすがフェラガモ」というような、ファッションはもちろん立ち居振る舞いを含めて格好良い男性でした。このホテルはなかなか予約が取れないそうで、ＲＫＫ（熊本放送）のツアーに参加させてもらったおかげで宿泊できました。

ＲＫＫのツアーでは、ニュージーランドで英国王室が泊まったというロッジを利用したほか、フランスでは古い城に泊まりました。アメリカのマイアミでは大型客船に3泊しました。この旅では、日本からソウル、サンフランシスコ、マイアミと飛行機を乗り継いで港から乗船。収容人数は４０００人で、そのうち日本人は21人だけでした。カリブ海をクルーズしながら、キーウエストなどの観光地を巡ります。

旅をすると、世界は広いなと改めて感じます。食生活も違うし、習慣も異なります。台湾や香港は数えきれないほど足を運びました。

ＳＡＲＳ（重症急性呼吸器症候群）が中国で流行し始めたころ、そうとは知らずに中国にいました。ある会合のために香港に滞在していて、陳建一と一緒にゴルフをしに深圳市に向かったところ、通訳から「何か病気が流行っているみたいです。だから鶏肉は食べないでください」と注意されました。「あら、そう」とその時は大事に考えていなかったのですが、日本に帰国してからＳＡＲＳを報じるニュースを見て初めて知りました。新型コロナウイルスが中国国内で問題になり始めた時期には、私は武漢に立ち寄っていました。世界は広く、予期しないことが起きます。

いろんな国を旅しましたが、どの国でも中国料理を食べました。滞在先の国の料理を何食も続けていると飽きてしまって、つい中国料理を味わいたくなる。それに中国料理ははずれがないのがいい。料理名が世界共通だからメニューも読めます。どの国に行っても必ず一食は中国料理を口にしていました。

特に一人旅の時は中国料理ばかり食べてしまいます。以前、ハワイやロサンゼルス、ラスベガス、サンフランシスコを巡った際は、中国料理店を見掛けたら飛んで入っていました。注文に困らないから安心なのです。

料理については、どこの国にもおいしい料理はあります。期待はずれ、という意味ではフランス料理で、「なぜフランス料理がナンバーワンだと言われているの？ これだったらスペインやイタリアの方が上」という印象です。フランス人が作るフランス料理より、日本人が作るフランス料理の方がおいしいと思います。

大分の田舎から東京に出てきて、中国料理人になったおかげで世界各地を回ることができました。普通なら行けないところに行って、世界の料理を味わえました。

日本の料理では、私は家庭料理が好きです。やはりみそ汁がおいしい。

和食は、盛り付けと器の美しさが素晴らしい。色合いを考えて料理を作ることができるのが、一流の和食の料理人だと思います。でも、しょうゆとだしで食べさせる点では、味はほとんど変わらない。それに和食は器の値段が高過ぎます。京料理なんてたいしておいしくないのに、器で食べさせているだけ。中の料理の味は至ってシンプルで、素朴で味のコツなんていらないと私は思います。それより大阪や関東の料理人の方が数段上。京都の人は基本的には粗食で、他県の人が食べるのが京料理です。

第5章

料理人として

1

熊本ホテルキャッスルは2024（令和6）年6月、ホテル運営会社プラン・ドゥ・シーと資本業務提携を締結しました。この方針転換にはコロナ禍も大きく影響していると聞いており、元社長として新生ホテルキャッスルのこれからの生き方を注視しています。

ホテルキャッスルは、熊本の戦後復興の象徴として皇室のために建てられました。小さなホテルだけど、60年超の歴史を有する名門中の名門。こんな素晴らしいホテルはほかにはありません。ずっと残ってほしいと願う一方、自分の中では不安が残ります。経営陣が若くどう運営されるか私には分かりませんが、東京や福岡といった都会スタイルでは熊本では通用しないのではないかと危惧しています。田舎のホテルは地元のお客さまとの密着が最も大切。シティーホテルは宿泊では大して利益が出ず、宴会とレストランで集客しないと経営が成り立ちません。利益を優先させ過ぎると、お客さまの居心地が悪くなってしまうような気がしてならないのです。

ホテル関係者は、一般的に客室の稼働のことを優先させがちですが、客室だけだったらビジネスホテルにして営業した方が、人件費がかからないから効率が良い。シティーホテルの場合は飲食部門が全体売り上げの80％ぐらいを占めるので、本来は飲食に力を入れるべきなのです。逆に飲食部門をなくして残り20％の売り上げで宿泊だけをやるのであれば、それはそれでいいでしょう。ただ、そうなると地元のお客さまが利用しないホテルになってしまいます。

今の若い人たちは過去を打ち切る考えを持っている傾向があり、現代はそれを褒めたたえる風潮があるようです。一方で伝統をおろそかにする。でも本当は、伝統を守らないとホテルは生き残れないのではないでしょうか。日本の名門ホテルは、いずれも歴史があるところばかりです。利益に走ってしまうとまず社員がいなくなります。

昔と比べて、近年のホテル経営学は変わってきています。以前はホテルマンやウエートレスがそれぞれお客さまを持っていました。ところが、今のホテルマンは机上の計算しかやらなくなってしまいました。接客をするホテルマンがほとんどいない。お客さまに寄り添った接客姿勢を続けているのは帝国やオークラといった一流ホテルだけです。だから一流のホテルは、ホテルマンの平均年齢が高い傾向にあります。一方、ほかのホテルは経営上の利益をたたき出すというやり方を取っており、昔からある素晴らしいサービスがなくなっているのが実情。そういう伝統が薄れていくのがちょっと残念だなと感じています。

かつては日本のホテルでもチップの習慣があり、ウエーターだけでなく料理人ももらっていました。一流ホテルの一流のウエーターになると、当時の月収が2万円程度なのに対し、チップはその10倍ぐらいあったそうです。もらったチップは半分を所属部署に入れて、残りは自分のものにするのが一般的なルール。有名なドアボーイになれば、お客さまの名前から職業、家族構成、車のナンバーまで全て覚えていました。だからお客さまにかわいがられる。自分の職業にプライドを持っているウエーターが多く、上司から何か小言を言われても「あなたはお客さまのこと何も知らないじゃないか」というような態度を取る人も少なくなかったですね。今はパソコンに打ち込むだけで、覚えるつもりがあるウエーターはいないでしょう。

私が見た中で最もチップで稼いでいたのは、札幌パークホテルのクラブのマネージャー。のちに有名ホテルの支配人を歴任して最後は松山全日空ホテルの社長にまで上り詰めた人ですが、お客さまや従業員の扱いがとても上手で、社員の初任給が月1万2000円の時代にチップを毎月20万円もらっていたのです。彼が22、23歳の時にいきなりクラウンを買った時、それはもう驚きました。

宿泊部門の売り上げ上限は部屋数で決まります。シティーホテルは一般的に、客室が200室なら売り上げ比率20％、300室なら30％、500室なら45％程度。だから売り上げの主力は飲食部門になるのです。外資系ホテルが日本に進出して、宴会場を設けないのはそれがネックになるからで、地元のお客さまを持っていないため集客できません。客室だけで営業していくのが現代のホテルスタイル。そういう営業方針であれば、地元客を対象とせず「インバウンドを狙う」と言ってもよくなります。

机上のパソコンで計算するなんて誰でもできる。それを実践できるかというと、絶対にできないと断言します。それぐらい難しいことなのです。パソコンに人が動かされたり、人の意見がパソコンにごまかされたりすることが増えましたが、現実は違う。これからのホテル運営は本当に難しいと思います。

近年、熊本にホテルが次々と建てられ、総客室数が増えた一方、大きな宴会場を備えたホテルはありません。これは全国的な傾向です。インバウンドへの期待がふくらんでいますが、これには円安が大きく影響しており、訪日客は自分たちがお金持ちになったような気持ちで遊んでいることでしょう。今はチャンスですが、長い目で見た時にどうなるかは分かりません。

30年ほど前にパリのリッツカールトンホテルに宿泊した時、朝食が7000円もしました。現在なら1万2000円ぐらいの感覚でしょうか。日本の一流ホテルでは今、朝食が東京で4000円、地方だと2500円ぐらい。朝食を利用するのは他国や他県から来た宿泊客がほとんどなので、料理やサービスが高いのか安いのか、その価値が分かりません。熊本も同様です。しかし、地元のお客さまが利用するレストランや宴会では料理やサービスの価値が分かる。朝食の売上高は宿泊客数以上には上がりませんが、宴会は桁が違います。熊本は人口が減少しており、それに連れて宴会数も減っていく。それも不安要素に挙げられます。

ホテルキャッスルは名門ホテルです。伝統を守ってほしい。地元に愛されるホテルであってほしい。将来までずっと、県民の憩いの場であってほしい。シティーホテルはそうなるべきだと私は思います。

熊本に限らず、近年、結婚式のスタイルが変わりました。仲人を立てなくなり、披露宴の規模は縮小され、招待客はピーク時の3分の1ほどに減りました。仲人がいないと、結婚式・披露宴を年間400組やったとして、分かりやすく単純計算した場合、仲人自身の会費1万円×2人×400組＝年間800万円の売り上げが下がります。仲人がいると、仲人や両家のメンツを立てようと財界人や地元議員を呼ぶようになって結果的に招待客が増え、ホテル側から見れば売り上げアップにつながります。

婚礼の売り上げが上がらないのは、結婚式数と招待客数の減少が主な原因です。以前は芸能人の披露宴をテレビで放送していましたが、あのころは結婚式を挙げる人が多かった。近ごろは、結婚はしても結婚式・披露宴を挙げなくなりました。ホテルキャッスルの結婚式数は、ピーク時は450組超でしたが、今は120組程度に減っています。

結婚式費用はハウスウエディングよりホテルの方が安いので、費用面で考えるとホテルの方が安心です。このままウエディング市場が縮小していくようであれば、ハウスウエディングは生き残れないでしょう。シティーホテルは宴会やレストラン、宿泊部門でそれ以外の売り上げが見込めます。

中国や香港の結婚式は日本と事情が異なり、ものすごくお金をかける。特に香港なんて前撮りに500万円ぐらい使う人もいるそうです。有名な観光地を巡って前撮りし、写真を披露宴会場に飾るのです。香港や台湾の友人の子どもの披露宴に招待された時、会場にまるで博覧会のごとく、芸能人のグラビアばりの写真がずらりと並んでいたのにはびっくりしました。「なにこれ？」。向こうでは、「前撮りでどこに行ったか」が自慢ポイントみたいですね。

熊本は観光事業に弱い県だと感じています。自分たちは日本中、世界中巡っていろいろな国や地域を見てきましたが、熊本は本当にアピール下手。行政は口先だけで、観光振興にお金を使わない。観光はもうかる可能性があり、ほかの地域から人を呼べる産業なのだから、県や熊本市はもっと戦略を変えないといけません。お隣の大分や沖縄、北海道の取り組みをまねしてほしい。九州では大分が観光に力を入れていて、特に平松守彦知事の時代に大きく変わりました。最近は〝おんせん県〟と銘打って羽田空港をはじめあちこちにポスターを貼るなど、観光に力を入れているのが分かります。全国にアピールするなら、まずは東京。そういう取り組みを熊本県知事も熊本市長もスピード感をもって進めてほしいと思います。口で言うのは簡単で、予算を捻出するのは大変ですが、有益なお金の使い方をしてもっと県民がもうかるように頑張ってほしい。きっと税収も増えるでしょう。熊本県は、韓国の首都ソウルにさえ県事務所を置いておらず、こういう状況は考え直さなくてはいけません。

熊本には素晴らしい観光資源がいっぱいあります。県庁所在地の熊本市には天下の名城、熊本城。中心市街地から歩いていける場所に、熊本城のように美しい城がある街はほかにはありません。それに阿蘇山。私は北海道に8年いたから分かりますが、北海道の山や湖といった自然は熊がいて危険なため、遠くから眺めるだけでエリア内に足を踏み入れることができないのに対し、阿蘇山は実際に火口まで行くことができます。世界一のカルデラを持つ火山は、熊本観光の最大のウリ。もっと阿蘇山を全面に出してアピールするべきだと思います。ほかにも温泉があり、食があり、世界遺産があります。

北海道は今でこそ「食」を売りにしていますが、以前、海産物はそう有名ではありませんでした。私がいた当時の名産といえばジャガイモやタマネギ、細竹、料理ではラーメンとジンギスカンぐらい。牛肉についても、昔はおいしい牛肉がなかったのに最近では帯広牛、十勝牛はトップブランド。お米はかつて「内地米」といって東北から購入していたのに、道米が食卓や飲食店で食べられるようになりました。温暖化など気候変動の影響もあるのでしょう。

インバウンドについては、東京や京都、大阪、北海道だけでなく、全国のいろいろな観光地に来てくれるよう観光業界全体で働きかけてほしい。熊本は阿蘇くまもと空港の国際線の関係で台湾や香港、韓国の観光客が多い状況ですが、今後はもっと就航先を広げていけばインバウンド増が期待できるでしょう。それは熊本県にお金が落ちることにつながります。県外からの〝外貨〟を稼ぎ、そこでもうかった人が地域で消費しないと地方経済は活性化していかないと思います。

「地産地消」は、県民が作ったものを県民が消費することがスタート。県内で稼いだお金を県内で落とす、お金を回すことが「地産地消」です。全国からいろんなものをお取り寄せして飲み食いしていてはどうしようもありません。その上で観光事業に力を入れていけば、将来良くなるのではないかと期待しています。熊本は農業や観光資源が他県と比べて豊かだから、逆に危機感が足りないのかもしれませんね。海ののも山のものも何でもそろうし、気候も良い。行政がもうちょっと頑張ってくれると、熊本は今後パワーアップしていくでしょう。

2

日本中国料理協会は、中国料理の普及や料理人の技術向上などを目的に1977（昭和52）年に設立。北京、上海、広東、四川など各流派が集まり、それぞれの代表が会長や副会長を務めました。初代会長は大城宏喜さんで、四川からは陳建民師父の参謀の原田治さんが副会長に就任しました。その後、原田さんが引退するにあたり、私が副会長を引き継ぎました。副会長時代、副会長4人のうち日本人は私1人でした。10年ほど務めた後、私がホテルキャッスルの社長に就くことを機に副会長職を陳建一に託しました。

中国料理協会は、和食や洋食などほかの料理人協会の中では後発で、中国人の幹部が多い上に北京、上海、広東、四川料理と派閥があり、揉め事もしょっちゅう起きて当初はまとめるのに苦労しました。そんな中でしたが、財団法人日本船舶振興会（現日本財団）の笹川良一会長（当時）が後援者のトップとしてバックアップしてくれたことで、協会の運営がうまくいきました。財団から助成金を頂いたり、財団が新大久保に所有する「ホテル海洋」（当時）の1室に協会事務所をタダみたいな家賃で置かせてもらったりしていました。笹川さんには本当にお世話になりました。

陳師父たちがつくった協会だったから、建一を会長にするのが私の役目。彼は2011（平成23）年5月、協会の会長に就任しました。これが私の恩返しの一つでした。建一はマスコミにも多数出演していて有名だったし、調和を取るのが上手だったから会長としても適任だったと思います。

建一は2023（令和5）年3月に永眠しました。享年67。お別れの会が5月11日にセルリアンタワー東急ホテル（東京都渋谷区）で開かれ、約1300人が参列しました。協会では同月17日にお別れの会を同所で開催。いずれも私が弔辞を読み上げました。私は彼をかわいがっていたし、彼も私を頼ってくれていました。陳師父が亡くなり、若いうちに社長兼料理長に就いて不安でしようがない時や、料理の鉄人に出る際も私が後ろ盾になっていました。私にとっては最高の弟です。

この年は、建一だけでなく西郷輝彦さん、アントニオ猪木さんが亡くなり、3カ月で3回もお別れの会に出席するなど悲しい一年になりました。

陳師父は私にとって神様。中国料理界は徒弟制度が連綿と受け継がれていて、今は建一の跡を継いだ建太郎を見守り、成長を見届けるのが役目だと考えています。建太郎から見ると、私は伯父弟子にあたります。彼は建一の生前に、十数店舗を展開する四川飯店グループの代表取締役に就任しており、プロデュースするシンガポールの四川飯店は7年連続でミシュランガイドの星を獲得（2023年現在）するなど、日本よりシンガポールで名が売れています。彼が活躍すると自分もうれしい。

陳師父が結婚式の祝辞でよく使っていたことわざを紹介します。それは「低賞感微」です。「低」は、夫婦間でも頭を低く、「すみません」を言いましょう。「賞」はお互いに褒め合いましょう。「感」は周囲に感謝して、「ありがとう」と言いましょう。「微」は「微笑」の「微」で、いつもニコニコ笑顔でいましょう。これが夫婦円満のコツで、社会でも同じことが言えます。このことわざは私や建一が引き継ぎ、何十組もの結婚式の祝辞で話しました。ぜひ、皆さんにも覚えておいてほしいと思います。

アメリカやフランスなど世界14カ国に協会が、中国・北京には総本山の世界中国烹飪連合会があり、会合では中国語を話す必要があったため、日本中国料理協会会長はこれまでずっと中国人か、その子孫でした。2024（令和6）年、日本人として初めて脇屋友詞君が就任しました。新体制でも協会がうまく運営していけるよう、もうしばらく支えていくつもりです。

私は２００６（平成18）年11月、国から「卓越した技能者（現代の名工）」として表彰されました。現代の名工とは、工業や建築、調理など各分野で卓越した技能を持つ技能者に送られるもので、１９８７（昭和62）年に陳師父も受賞しています。２００９（平成21）年４月に黄綬褒章を、続いて２０１４（平成26）年11月に旭日双光章を受章しました。

いずれも、料理界への貢献を認めていただきました。日本中国料理協会が社団法人化した時から理事や副会長、組織委員長を務め全国を回っていた、そういう活動が評価されたのでしょう。黄綬褒章、旭日双光章を受章した際は、授章式のあと二度にわたり妻を伴って天皇陛下に拝謁。誠に名誉なことだと感じています。

中国料理人の中でこうして受章するのは、関西以西では私が最初。九州で黄綬褒章と旭日双光章を受章しているのは私１人だと思います。余談ですが、受章が決まった場合は１年ほど前に国から連絡があり、「交通違反など起こさないでください」と注意されます。

現代の名工に選ばれた後の祝賀会には約１５００人、黄綬褒章受章の祝賀会は２日開き両日合わせて延べ１６００人、旭日双光章受章の祝賀会には９００人が集まって祝ってもらいました。祝賀会には陳建一をはじめ、道場六三郎さん、坂井宏行さん、脇屋友詞君など親交のある料理人が50人ほど駆けつけ、それぞれの得意料理を振る舞ってくれました。とにかく豪華で最高の料理がたくさん並んで、それはもう壮観でした。

厚生労働大臣賞と陳建民中国料理アカデミー賞の受賞を祝う会に集まった、料理人や関係者で記念撮影＝2006年ごろ、熊本ホテルキャッスル

「現代の名工」受賞を祝う会には、俳優・タレントの長沢純さん（右）や元競輪選手の中野浩一さん（中央）をはじめ大勢が駆けつけてくれた。左はいつも私の専属司会を務めてくれるNHKの宮本隆治さん＝2007年、熊本ホテルキャッスル

黄綬褒章の受章を記念し、夫婦で撮影をした＝2009年

こちらも黄綬褒章の受章時の記念写真＝2009年

旭日双光章受章を祝う会にて。弟子や関係者らに囲まれての1枚
＝2014年、熊本ホテルキャッスル

「卓越技能賞（現代の名工）」受賞の記念メダル

黄綬褒章と章記

旭日双光章と章記

3

長い料理人人生においては、多くのスタッフや仲間に恵まれました。特に「桃花源」がオープンからうまくスタートできたのは優秀な人材がいてくれたおかげ。中でも善《ぜん》家《け》繁と寺本八宏がいなかったら、今の私はないと思います。親兄弟より大切な存在で、2人がいてくれたからこそ思い切って前に進めました。

善家は札幌パークホテルの1期生で、私が働いていた時に一緒でした。地元北海道出身、年齢は私より3つ下。当時からよくできる料理人でした。彼はその後ハワイの「シェラトン・プリンセス・カイウラニ」というホテルの中国料理レストランで働いていましたが、私がホテルキャッスルに移る前、日本に帰りたがっているといううわさを聞いて連絡し、「手伝ってくれないか」と誘ったのです。

善家は長く私のセコンド、参謀で、トップの私と若手料理人の間の調整役として骨を折ってくれました。私が調理場でびしっと怒ったとしたら、彼があとで「まあまあ」と取りなしてくれるのです。私が陳建民師父だとしたら、彼が黄昌泉師父といったところでしょうか。私が「ちょっと言い過ぎたかな。でも善家がいるから、ま、大丈夫か」なんて思っていると、ちゃんと彼がなだめてくれます。何か問題が起きるとよく彼に相談していましたが、冷静な判断や答えを返してくれるので助かっていました。これまでいろんな仲間と一緒に仕事してきた中で、ナンバーワンの料理人は善家です。

ある地方のテレビ番組で、私が海外出張で次回出演できない時に「来週は、女房子どもより大切な善家が代わりを務めます」と言ったところ、その日帰宅して妻から「あれ、女房子どもより大切な善家さんのうちに帰らなくていいの？」と皮肉を言われてしまいました。

彼とは一心同体で、自分のことより彼のことを優先させていました。厳しいことを言ったことはなく、今振り返れば、人生で最も気を使った人物だったかもしれません。それだけ大切に思っていたのです。善家は私の次の中国料理長を務め、ホテルキャッスルでは最後、常務取締役総料理長に就きました。

善家と三代目料理長の川上洋信は札幌パークホテル出身で、私の犠牲になっている一面も否定できません。私が誘わなかったら自分の店を構えていたかもしれず、「俺がいる間は面倒を見なくちゃ」という気持ちがあって、二人には定年後も顧問として桃花源に残ってもらいました。早川史朗が四代目料理長に就任した後も、川上は月に半分、善家は忙しい週末だけ出勤。彼らがいてくれると、料理の味や技術を次の世代に受け継ぐことができます。コロナ禍を機に勇退しましたが、川上は70歳、善家は75歳まで働いてくれました。川上は、東京湾のクルーズ船で今も現役で腕を振るっています。

善家とは60年近く付き合いがありますが、飲み食いの席で一度も支払わせたことはありません。ほかの弟子たちも同様に全部おごりです。実は、私はとても面倒見が良いのです。だから今は、弟子より私の方が貯金額は少ないかもしれませんね（笑）。

桃花源の表（ホール）の歴史は、寺本八宏がつくりました。彼は日本でナンバーワンのウエーターだと私は思います。まさにサービスマン。「すみません」と平気で言える。昔のウエーターは頭が低くなければだめなのです。だからお客さま受けがいい。1日に何百回と「すみません」というぐらい、頭が低いのです。

それに如才がなくて女性に優しく、ウエートレスの使い方が上手なので、女性がうまく大きく育っていくのです。彼の立ち居振る舞いを見て初めて「あ、これは表とうまく接しないと料理は売れないな」と気づかされました。ただ彼は、横暴な上司に対して「は、今何て言った？」と歯向かっていくような意外な一面も持っていました。ウエーターという仕事にポリシーを持った男でした。

桃花源の顧客を増やせたのは、彼と共に一気に攻められたのが大きかった。人の育て方、新人教育も得意で、田邉一彦（ホテルキャッスル元社長）をはじめ歴代マネージャーや数多くの人材が彼の下で育ち、今も会社の上層部に残っています。彼を見ていると「こんなお客さまの扱い方ができるのか」「ここはこうしなきゃいけないのか」と勉強になる。そしてお客さまみんなから愛される。世界に通用する素晴らしいウエーターです。彼は一時退職して東京に戻っていましたが、桃花源の銀座出店にあたり、初代マネージャーとして引っ張ってきました。

彼は中国人女性と結婚して子どもにも恵まれ、今は上海で暮らしています。

それと仲光和宏は、桃花源一筋44年のウエーター、マネージャーで、寺本の薫陶を最も受けた人物です。熊本の食や顧客について熟知しているのは仲光と私の右に出る者はいません。彼にはとても感謝しています。

料理はもちろん大切ですが、仮に料理が100としたら、サービスが100で合わせて200になったことで桃花源は生き残れたのです。料理がおいしくてサービスがよければ店は流行るに決まっています。オープンキッチンならカウンター越しにお客さまの顔が見えるから接客できますが、桃花源の場合、料理人はお客さまの顔を見ることができません。

お客さまに応対して、調理場に伝達する係を担っているのがウエーターでありウエートレス。伝達係の気分が悪かったら料理もおいしくなくなるでしょう。テーブルの上に皿をどんと置くのではなく、にこっと笑顔を見せてそっと置くと、お客さまは気持ちが良くなります。そういう上質なサービスを提供してくれるウエーターやウエートレスを大切にしなくては、自分の料理を売っていくことはできません。流行っている店はどこもサービスが良い。逆にいえば、並の料理でもサービスが良ければおいしく感じるのです。飲食店で地域トップを半世紀も維持するのは並大抵なことではありません。

料理人は、育てたらどんどん外に出していくべき。そうしないと給料が上がらないから食べていけません。ホテルキャッスルに必要な人材は残す、夢や独立心がある人材は出していく。見習いで入ってきた時にどっちのタイプなのか見ればすぐに分かります。

ある日、当時の社長に私がこう言いました。

「弟子はどんどん外に出していきたい」

「そんなことしたら、うちが困るじゃないか。お客さん取られるし」

「大丈夫です。売り上げ上げればいいんでしょ。商売はライバルがいた方がいいんですよ。ここにずっといたら年取ってやる気がなくなります」

料理人は新陳代謝すべきで、弟子が出ることを拒んではダメだと話しました。私は陳師父が日本に伝えてくれた素晴らしい四川料理を九州に根付かせるのが役目だと思ってずっと取り組んでいますから、考え方がまるで違うのです。

だから、どんどん積極的に弟子を外に出していきました。私が顧問として菊南温泉ユウベルホテルや大牟田ガーデンホテル、ハイネスホテル久留米、松山全日空ホテル、ホテルセキア、ホテルメトロポリタンの中国料理レストランをプロデュースした際には、それを機に弟子たちが巣立っていきました。会社としては人材が流出することになりますが、私には関係ありません。四川料理が広まればいいのです。

数年前、ある観光関係団体から「熊本を四川料理の拠点にした」という面白い名目の表彰状を頂戴した時は、ほかのどんな賞よりうれしかった。私が熊本に来たころは福建料理が主流でしたが、今では人口あたりの四川料理店数が全国でトップになりました。それを認めてもらえました。

桃花源では、見習いはまず鍋洗いから。料理は基本的に見て覚えます。実際に作るのはオードブルが最初で、「炒める」「煮る」はその後になります。ただ、料理人はトコロテン方式なので先輩が辞めないと上には行けず、辞める人間が少ないと中間層が先に辞めて独立することが増えます。料理人は、一つの店で長く働くタイプと独立するタイプに分かれます。調理場は団体生活のようなもので、そこには個性が強い子はさほど必要としないのです。その代わり「この男は必要だ」という料理人は、説き伏せてでも残す。大きな職場に残る人間と、独立したほうがいい人間は使い分けが必要です。団体生活である調理場から、できるだけトラブルをなくしていくのが上としての務め。多くの人間を使うのは難しく、一つの歯車が故障すると全体が回らなくなってしまいます。

私は、見習いが入ってきた時の訓示でよく使う言葉があります。

「使われ上手になれ。かわいがってもらえ」

「○○君」ってすぐに呼ばれるようになるのが大事。こき使われるのではなく好かれているから呼ばれるのです。嫌いな人間には声を掛けません。逆に、上の連中には「使い上手になれ」と話していました。職場の雰囲気が悪いと辞める人間が増え、結果的に見習いがいなくなってしまいます。

一つの料理が出来上がるまでには、少なくとも3、4人の手を必要とします。冷蔵庫から食材を出す人間がいて、その食材を切り分ける人間がいて、下味を付ける人間がいて、それを炒める人間がいて、初めて料理が完成するのです。そこに全く違う発想や考えの人間がいたら職場は回りません。鍋や皿を洗う人も必要です。総合体で料理を作っているのです。

桃花源で学んだたくさんの弟子たちが成長、独立し、「麗郷」をはじめ「頓珍漢」「王家亭」「金絲猴」「竹林亭」「葉山亭」「チャオリー」「SUN華鳳」「燕燕」「シンフー」「リンシャン」「ヒゲクジラ」「雅龍」「The．中華メシ」「五福」「煌」など四川料理店を開業しました（一部は閉店）。現在、私の弟子がやっている中国料理店は県内で13店。熊本以外でも九州各県のほか札幌、東京、彦根、京都、高知など全国で約40店に上ります。

最近、県内にある弟子たちの店を回る機会を得ましたが、実際に料理を味わってみて「立派になったな」とびっくりしています。これだけ個性を出しておいしい料理を作れるようになるなんて感心してしまいます。若手の時に見て覚えて、賄いで腕を磨いて勉強した結果が出ている。今では孫弟子の店も7店舗ほどに増えました。熊本の街に四川料理が根付いていくと思うとうれしい気持ちでいっぱいです。

熊本で四川料理が広まっていったのは、葉菊華さんが始めた「紅蘭亭」や「大甲園」「中華園」など、先人たちが中華の地盤をつくってくれたおかげ。そのころはタイピーエンやチャンポン、皿うどん、鯉のあんかけ、酢豚ぐらいしかない時代で、そこにチンジャオロースやエビチリ、麻婆豆腐といういこれまでと全く違うジャンルだったから切り込んでいけたのです。

熊本だけではなく、横浜や神戸、長崎など全国各地でチャイナタウンが生まれて現在まで発展してきました。料理人としてビザが出るのは1952（昭和27）年以降ですから、それ以前からある福建料理は、いわゆる中国の家庭の味でした。横浜、神戸、長崎は船に乗ってやってきた中国人の料理人がそのまま居付いた地域です。「太陽が上がるところには中国人がいる」ということわざ通り、世界中どこにでも華僑がいます。自国を離れ、外国に住み着いて商売するのは本当にすごいこと。そういう華僑の先人たちの歴史を忘れないでほしいと思います。

若い中国料理人たちは、素晴らしい料理を広め次の世代に教えてくれた華僑の先人たちに感謝し、伝統を継いでいるのは自分たちだという気概を持ってほしい。今や日本のどの家庭の食卓にも中国料理が並んでいます。最近は、中国料理の世界に入っても中途半端に辞める人が本当に多い。自分の職業に誇りを持って仕事をする人が増えてほしいと願っています。

第29回「好朋友会」の全体写真。当初14人からスタートしたが、参加者が100人を超す大所帯に＝2018年、熊本ホテルキャッスル

こちらは第30回「好朋友会」の全体写真。料理人だけでなく芸能、スポーツなど幅広い分野の人が参加＝2019年

「桃花源」の歴代料理長。後列右から、川上洋信、善家繁、私、手前は早川史朗＝熊本ホテルキャッスル

寺本八宏（左）退職の送別会にて。彼はこの後、上海に移り住んだ＝熊本ホテルキャッスル

知人主催の新年会にて。手前が道場六三郎さん、後列左から服部幸應さん、私、坂井宏行さん、落合務さん＝2024年、東京

右からフレンチシェフの三國清三さん、日本中国料理協会新会長の脇屋友詞君、私＝2024年、ザ・オークラ東京

4

私たちの見習い時代と異なり、現代の若い世代は頭がよくなっていると感じます。生まれた時からテレビがあり、ラジオがあり、パソコンがあり、スマートフォンがあります。私たちは戦後、なにもないところから始まりました。私が中国料理の世界に入ったころは冷蔵庫さえありませんでした。

最近の料理人は、仕込みをする機会がほとんどありません。下処理され、冷凍された食材を仕入れるため、その必要がないのです。昔は、ニワトリは羽をむしってあるだけ、コイやカエルは生きている状態で入ってきていました。エビは背わた取りから始めなくてはいけません。そうした昔の見習いの仕事量に比べると、今はやることが本当に少ない。私に言わせれば楽勝です。「以下、省略」の状況です。全調理工程を100とするなら、20の地点からスタートできます。この差をどう埋めるか。今の人たちは頭がすばしっこい一方、さまざまなメディアから情報がたくさん入るため、頭でっかちになっているようにも見えます。

桃花源でも、私たちが若いころにやっていたような肉や魚の下処理はしていません。

やるとしても野菜を削ぐことぐらいで、まあ、それが時代なのでしょう。一流ホテルのレストランでも下処理して味付けされた食材を購入しているところが多く、コンソメスープさえ仕入れていいます。食材も半完成品が増えていいて、例えば「ブタの細切り」を切った状態で仕入れれば、「切る」という技自体もなくなってしまいます。「以下、省略」が多すぎるのです。それが一般的になってきており、昨今の冷凍技術の進歩を見れば、その傾向はもっと強くなっていくでしょう。以前は牛肉のかたまりを仕入れ、カッティングして余計な脂を取っていましたが、今では「何グラム」と重さまで調整したものが納品されます。半完成品に自分の腕をちょっと加えるだけで、言葉は悪いけど簡単に料理人になれる時代が来てしまいました。誰が一流なのか分かりづらい世の中。家庭でも、スマートフォンで動画やレシピを見ながらおいしい料理を上手に作ることができます。

私は、「おいしい」というのは、誰が食べてもおいしくなくてはいけないと思います。今は、ミシュランガイドをはじめマスコミから踊らされている部分がある。テレビではグルメ番組がしょっちゅう放送されていますが、本当はまずい料理を食レポで「これはまずいですね」と言うことはありません。でも私が見ていると、「これは絶対にまずい」と分かる料理があります。プロの料理人は色や光沢で見分けることができます。でも出演者はみんな「おいしい！」という。おいしくないからといって「おいしくない」とは言えないし、実際は難しい。言えたら面白いけど、本当にそう言ったら取材された店は大打撃を受けてしまうでしょう。

ミシュランのような格付け本の評価なんて、本来は関係ありません。作る側、料理人としては、たくさんのお客さまに愛されるのがベスト。「1日1組限定」の店の料理なんて最低だと思います。それをマスコミがはやし立てるのがおかしいのです。年中無休だとしても年間に365組分しか料理を作らないのに、腕が上がるはずがありません。数をこなしてこそ腕は上がる。それはどの世界でも同じ。大谷翔平のような野球選手でも、最初から打ちまくったわけではなく、毎日毎日練習を重ねて上達していくのです。1日1振りしかせずにホームランは打てません。左官さんは何度も壁を塗って、和裁士も着物を何枚も仕立てて職人として腕を上げていきます。

できるだけ多くのお客さまが来てくれる店をやるのが、料理人の務めです。たくさんのお客さまが「おいしい」と言ってくれる店こそが一流。皆さんはマスコミに踊らされず、自分の「おいしい」を見つけてほしい。お客さま自身が「おいしい」と感じる店がその人にとっての三ツ星店です。世の中においしいものがたくさんある一方、まずくて流行っている店もありますが、その店がお客さまにとって三ツ星であればいいのです。味はもちろん大切ですが、店の心意気を好きになることもあるでしょう。「店主がとても良い人」「サービスが最高」と言って、味はまあまあだけど人柄にほれて通う、こういう場合もあります。

ただ、料理は本当に難しい。毎日料理を作っていても、自信を持って満足いく料理ができることはありません。「今日はうまくいった」と思って出した料理が残されていたりすることも経験しました。そういう場合はやはり心配になり、余った料理を味見して「うん大丈夫」。それからテーブル担当に理由を尋ねて、「注文が多過ぎたようです」という答えを聞いて初めて安心するのです。料理を作っていて、もちろん失敗する時もあります。お客さまが気づかない程度の自分の中だけでのニュアンスの違いですが、正直「やばい」と思う瞬間があります。そういうことも含めて、料理人は満足してはいけません。来店したお客さま全員に満足してもらえるのが、料理人として最高の幸せ。お客さまが残した料理や食材までチェックするのが私たちの仕事だと思って、40数年間やってきました。

これからの料理人は下積み生活がありません。そこから先の本当の味を追求しないといけないのに、上辺だけの味を出して店をオープンしている人がたくさんいます。和洋中の垣根がなくなり、何が何だか分からない料理の世界に突入している。そのきっかけの一つが「料理の鉄人」で、以前はジャンルを超えた料理人同士の交流なんてほとんどなかったのに、今はすっかり仲良くなりました。交流が増えたのです。

日本は世界の中で最も豊かな食文化を持っていて、ほとんどの食材が簡単に手に入ります。宗教の壁もなく、料理人にとってはやりやすい国です。洋食でしか使わなかった食材や調味料を中華でも使うことが増え、それが創作料理としてヒットしたりします。料理が出されて、「ん、これは和食？ 洋食？ 中華？」とジャンルが判別つかない時もあります。

そういう影響もあってか、東京を中心に若い人がどんどん簡単に店を開く時代になりました。思いもよらない店や料理がヒットしており、食の世界が昔と違って分からなくなってきています。「本当においしいものって何？」と問われたとしても、なかなか答えが見つかりません。

現代は雇用・労働問題に関して厳しいから、今後は良い料理人は出てこないと思います。昔のように10時間以上働けば勉強する時間もありますが、今は8時間労働で、お客さまの分を作ったら「はいサイナラ」と帰るだけ。これでは料理を学ぶ時間が取れません。発想が素晴らしい料理人は出てくるかもしれませんが、味や腕が素晴らしい料理人は出てこないでしょう。

今の若い人には、売り上げを上げること、お客さまをたくさん入れること、これを目標にしてほしい。自己満足の料理人になってはダメだと思います。「私の料理が一番」というのは心の中だけで収めておけばいいことで、それを表に出して威張っている料理人が多すぎる。料理人というのは、お客さまが食べて「おいしい」と喜んでくれるのが一番うれしいのです。「おいしさ」はお客さまが決めるもの。お客さまにとっておいしければ、それでいい。店の味を気に入ったお客さまをたくさん呼ぶことができれば、売り上げが上がるのです。私は、売り上げを上げられる料理人がナンバーワンだと思います。1日1組のお客さまを相手にして料理人ぶっているのは愚の骨頂。二東三文、三流の料理人だと断言できます。

最近は飲食店の出店が増え続けているので、今後は人気のある店とそうでない店がはっきりしてくると思います。需要に対して店舗数が多すぎます。いろいろな店でいろいろな料理を食べますが、私たち料理人でも「おいしい」の基準が分からず、「みんなはこれを本当においしいと思って食べているの？」と理解に苦しむこともしばしば。例えば、新しくオープンした話題のラーメン店に行ったとしましょう。ラーメンを食べても、「なぜ、この味で流行っているのだろう」と困惑してしまうのです。作る側にとって訳が分からない時代が来ているのは事実です。

東京は特にそうですが、近頃は席数が少なくて値段が高い料理が流行しています。で、一流ぶっている。一食に3〜5万円もかかる。珍しくて高級な素材をちょっと使えば集客できると勘違いしている店が多い。ジャンルの垣根がなく、中国料理にキャビアをのせたりして、高い食材を使用して売値を高くするスタイルが増えてきています。熊本でも高級店とうわさされる店がありますが、地元の食材を使った料理にそんな高い値段を付けるなんて私に言わせるとおかしい。高いお金を払ってその料理を食べるのはお客さまの勝手ですが、その行為をもてはやす必要はないと思います。味も値段も誰からも愛されるものが最高のはずで、お金持ちしか食べられないのに一流ぶっているのが、今の日本の「食」です。高級店に行くのがグルメだという風潮があります。

逆にそれに切り込んでいっているのが回転ずしです。回転ずしは原価を切り詰めて低価格で提供しています。一方で高級すし店はどんどん高くなっていくから、中間の店が少ない。テイクアウトのすしを販売する大手スーパーの台頭も影響して、個人店が減ってきています。

今後は、若い発想で個性のある、おいしい店しか残っていかないのではないでしょうか。たくさんのお客さまをさばく〝ポピュラー〟な店は経営が難しい。店舗数が多く、客側は選択肢がいっぱいあります。これから料理人になる人は、そういうことを含めてやっていく必要があると感じています。

5

一線を退いてからは、「健康で楽しく」をモットーに生きています。今は商売を始める気持ちは全くありません。飲食店の顧問やゴルフ場の理事長を務めてはいますが、普段はゴルフを楽しんで温泉に入ってのんびりやっています。企業や飲食店から顧問やアドバイザーの依頼を頂くものの、これ以上は正直、面倒くさい。体が動くのは長くても10年ぐらいなので、好きなことをして生きていこうと思います。

ただ日本中国料理協会だけはもうちょっと見ていたい。私がもう最古参なのです。元気なうちにご意見番として、料理人を目指す若い人たちのために何かできればうれしい。まともな意見を言える人間が一人いればいいと思って、今でも揉め事は自分が仲裁に入っています。協会のために常識ある行動をしていきたいですね。

お金もうけに走るのであれば、独立するのは簡単でした。でもそうはせず、四川料理を伝え、広める役目の方を選びました。料理人の代表として後世のために何かできることがあれば、という気持ちでここまで来ました。私が死んで、何年後までかは分かりませんが、しばらくは〝四川料理の伝道師〟として斉藤隆士という名は残ってくれるでしょう。

妻との間には3人の子どもに恵まれました。長男の隆一郎は、現在も私たちと同居しています。長女の亜美は結婚し、東京で暮らしています。次男の圭佑は県内に在住しています。孫は5人です。

子どもたちは料理の道には進みませんでした。長男は小学5年の時に香港に連れていき、師匠となる広東料理の周中師父に会わせて本人もその気になっているように見えたのですが、大学在学中に自分のやりたいことを見つけたようです。私が店を持っていればまた違ったのかもしれませんが、ちょっと心残りですね。

よく尋ねられるのですが、私は家庭で料理を全く作りません。先日、妻が友人から「旦那さんが料理人なんて、家でもいろいろ料理を作ってくれるからうらやましい」と言われ、「うちの旦那は、家では箸とケータイしか持たない」と答えたぐらいキッチンには立ちません。言い訳ではなく、妻の家庭料理がやっぱりおいしい。それに家庭のキッチンは店の調理場と勝手が違うのでうまく料理できません。16種類の調味料が並んでいないとダメなんです。どこに何が置いてあるか分からず、もたもたしている間に料理が焦げてしまう。だから作りません。それに家庭でプロの料理を出す必要もないと思います。

斉藤家では例年、大晦日の夜はすき焼きと決まっていて、それだけは私が作っています。といっても最近は市販のすき焼きのタレを使っていますが。そういえば、妻が体調を悪くした時に2、3度、子どもたちにチャーハンや鍋を作ったことがありました。家庭で料理をする料理人はきっと少ないでしょう。

正直、子育てはほとんどせず、子どもの学校の行事にも顔を出さない父親でした。妻に任せっきりにしていたので、妻には頭が上がりません。

妻や子ども、孫たちには感謝の気持ちでいっぱいです。本当にありがとう。

お酒の中で好きなのはウイスキー。自分が見習いのころはウイスキーの値段が高く、宴会などで飲むのはビールと日本酒がほとんど。焼酎は度数が強くて先輩から「舌(味覚)が変わる」と言われていたので飲んでいませんでした。日本酒は差しつ差されつがあり、度が過ぎるとすぐけんかが始まってしまうのが常でしたので、のちに私が主催する宴会では日本酒を出さないようにしました。20、30代になると、ウイスキーやブランデーが市場に出回り始め、サントリー「オールド」「ローヤル」「VSOP」が、キャバレーやクラブのキープ棚に並ぶようになりました。中でも「ヘネシー」を飲むのが最高のステータスでしたね。

私はずっとウイスキーのウーロン割りを好きで飲んでいます。以前は、ウーロン茶は一般的ではなく、中国料理店ではジャスミン茶を出していました。人気絶頂のころのピンクレディーがテレビのインタビューでいつも元気でいる理由を聞かれ、「ウーロン茶を飲んでいるから」と答えたことをきっかけに爆発的にヒットしたと言われています。それから中国料理店でもウーロン茶を出すようになりました。銀座の夜の店でも、漢方のチョウジを入れたホットのウーロン割りが話題となり、全国的に広まっていきました。自宅で晩酌する時は、ビールかワインを1杯だけ。そんなにたくさん飲むことはしません。

中国料理人になってよかった。人生は出会いと運です。人生を振り返ると、陳師父と出会ったことが一番の幸運でした。人はその瞬間瞬間に運というものに気づくのは難しいかもしれませんが、出会った人を大切にすることで人生はより良くなります。

ホテルの社長とは違う道も考えられました。もし独立の道を選んでいれば、家族に財産を残してやれたのではないかと思うと少し心残りです。でも名は残せました。料理人の白衣を着てホテルの社長を務めたのはほかに一人もいません。日本の中国料理人のトッププランナーとして走り続けることができたのは、支えてくれた周囲の人たちのおかげです。

人生で出会った皆さまには感謝しかありません。ありがとうございます。

大分で生まれて東京、北海道と渡り、熊本に来て、四川料理を広めることができたので、このまま死んでももう大丈夫。四川料理はすっかり熊本で愛される存在になりました。

中国料理をやってきて本当に良かったと思います。中国料理に乾杯。

長兄の昭一が経営する「三本足」で開いた親族の集まりの1コマ。右から私、昭一、次兄の裕生、義弟の稲留正彦＝岐阜

子どもらとゴルフを楽しんだ＝熊本ゴルフ倶樂部 城南コース

初孫の誕生会。手前2人が次男夫婦、後列4人が双方の両親＝2020年

かわいい孫の綾人（右）と、おと＝2024年、熊本市動植物園

子どもや孫たちと家族旅行で東京ディズニーランドを訪れた＝2024年

正月に子どもや孫たちに囲まれて楽しいひとときを過ごす＝2024年、桃花源

陳建民師父が結婚式の祝辞でよく
使ったことわざ「低賞感微」

私のお気に入りの一枚。陳建一（左）は、本当の弟のような存在だった

斉藤 隆士〈さいとう・たかし〉
1942年８月29日、大分県竹田市生まれ。高校２年の時に上京し、四川飯店に入門。四川料理の第一人者・陳建民に師事する。札幌パークホテルなど複数の中国料理店を経て、33歳で熊本ホテルキャッスル「桃花源」の中国料理長。2003年、同ホテル代表取締役社長。19年に退任。日本中国料理協会では副会長や理事を歴任し、現顧問。熊本ゴルフ倶楽部 阿蘇湯の谷コース理事長。現代の名工や黄綬褒章、旭日双光章などを受章した。

ありがとう中国料理　ゆかいな人生

令和６年11月20日　発行

著　　者　斉藤　隆士

製　　作　熊日出版（熊日サービス開発株式会社）
〒860-0827
熊本市中央区世安1-5-1
TEL096-361-3274

編集協力　小川洋一

装　　丁　臺信美佐子

印　　刷　シモダ印刷株式会社

ISBN978-4-911007-19-8 C0023